Anthony Gimenez

Panégyrique de l'équilibre de l'être

L'Homme en quête de sa rédemption

essai philosophique

Déjà disponible par le même auteur :

- Rétrospective Poétique (2015)
- La démocratie ou le règne de Satan,
  La quintessence du mal derrière la bienpensance moderne
  (2017)

ISBN : 978-2-3225-5523-9
Copyright © 2024 Anthony Gimenez All Rights reserved
Édition : BoD • Books on Demand GmbH, In de Tarpen 42, 22848 Norderstedt (Allemagne)
Impression : Libri Plureos GmbH, Friedensallee 273, 22763 Hamburg (Allemagne)
Dépôt légal : Août 2024

Introduction

L'être. Ce seul mot prononcé est à la fois contradictoirement pourvu de simplicité et de complexité pour tout bon philosophe académique cherchant, encore et encore, une explicitation digne d'une de ces médailles trop lourdes à porter pour justement un être en recherche de la « Vérité »..

L'être, au sens humain, est ce visage, depuis qu'il existe, en tant que chaînon ultime de l'évolution des sapiens, qui n'a pas cessé de cheminer dans la soif de connaissances et d'ouverture de nouvelles boites de pandores, alors que la vie lui demandait seulement de demeurer dans l'équilibre au sein du reste de la création. Mais tachons tout de même de ne pas amalgamer cet être humain, car tout être rare traversant spirituellement les âges, avec son âme intemporellement reliée à la Source, et grâce concrètement à sa diversité de compétences réelles ainsi que son inextinguible et inaltérable consensus de candeur, sait que l'équilibre est déjà en lui avant même qu'il ne soit né.. Cet équilibre qui ouvre le chemin déjà tracé de la vertu, de la Droiture, de la grandeur d'émotions véritables, du partage authentique, et de l'Amour.

Mon précédent ouvrage arborait un étendard d'arguments doré par la fameuse parure que beaucoup d'endormis du système ont ou auraient pu qualifier de « complotiste », où j'y dénonçais, de façon parfois encore immature et avec trop de colère entachée par un manque d'équilibre d'être - même si cet équilibre était déjà au fond de mon subconscient-, la société démocratique moderne gouvernée par les élites sataniques.. Je ne jetterai

nullement l'opprobre sur les vérités que j'y avais posées sur le papier, ni ne cracherait sur l'érudition de connaissances dont j'avais fais déjà preuves, néanmoins, par ce présent ouvrage, je vais m'inscrire dans la volonté d'apporter directement, sans trop de citations eschatologiques, ni même trop de datations historiques et archéologiques, enfin la plus puissante et bienveillante des pensées qui changerait totalement la face du monde si elle composait enfin l'existence humaine toute entière ; à savoir le désir d'équilibre de l'être, son panégyrique..
L'équilibre de l'être ne doit pas s'encombrer par une quête particulière de renommée ou de discours démonstratifs, et il doit se détacher de ce qui est superflus pour son épanouissement, notamment d'une certaine quantité de matériels et de tourbillons d'idées entravant son regard porté instinctivement vers l'horizon de la contemplation. Je dois dire qu'en écrivant sur l'être, j'emploie à l'instant immédiat une forme certes démonstrative, toutefois, eu égard de ces successions de lettres et découpages de chapitres, je renverse les chaînes mystiques qui essaient de ligoter la pensée en utilisant leurs propres armes contre elles..
J'écris à la fois avec la puissante violence masculine qui ont façonné les veines saillantes de mes mains et avec la féminité de mes yeux doux hérités de ma mère, j'écris avec un équilibre de création que je ressens de plus en plus illuminer mon propre être.. J'écris la toute beauté de cet équilibre car je pense que le divin ne peut permettre concrètement qu'à un être beau (physiquement et spirituellement) d'écrire la véritable beauté..
Je suis un Homme qui n'a pas honte de dire qu'il a pu faire du mal à cause de blessures qu'on lui avait causé puisqu'un gros panel des humains qui l'ont entouré ont vu en lui un potentiel ennemi dès l'enfance, un enfant différent, un enfant qui était déjà grand par sa grandeur d'âme, donc j'ai manqué d'équilibre

en reproduisant certaines scènes entachées, mais ce mal a toujours été réparé, j'ai demandé pardon à certains au créateur de l'univers, et les remords qui avaient traversé immédiatement mon être, ont amené ensuite le cœur pur, le Bien, et la passion d'Amour qui me définissent désormais depuis quelques années. Un homme d'équilibre se dirait aussi sûrement être à la fois un Conan et un Christ...

Si nous remontons à la genèse de l'humanité, physiquement comme nous la connaissons, nous savons tous et toutes que les humains vivaient jadis dans des tribus sans argent, sans Etat, sans chape de plomb administrative, ni de contraintes quotidiennes particulières excepté la rusticité du produire l'existence directe, et que, selon même l'ouvrage ethnologique de Pierre Clastres, « *La société contre l'État* », peu de gens étaient sujets à des dépressions ou des malaises ontologiques particuliers. Cependant, alors pourquoi de telles communautés si « équilibrées », dans un mode de vie si « sain », dont certains derniers représentants ont pu survivre aux génocides perpétrés par les civilisés, ont été tout de même les parents de futures générations ayant engendré la surproduction marchande postnéolithique, l'économie, l'esclavage, et toute sorte de déséquilibres ?.. Il est de surcroît aisé de comprendre que même si la plupart des humains primordiaux anciens étaient heureux, et dans un certain équilibre, un certain nombre étaient déjà corrompus et ont propagé leur corruptions très lentement..

Quand on voit par exemple des indiens Korgis, on affirme que oui l'Amour et la vraie humanité équilibrée sont visibles, que ce digne consensus existe chez eux, et c'est authentiquement vérifiable, mais on sait aussi, à l'inverse, que certaines autres franges plus anciennes de l'humanité avaient déjà produits des excisions, des gravures de scènes zoophiles, des combats sanglants pour s'approprier autrui pour davantage de

« confort », etc. Donnons nous donc à croire que l'équilibre de l'être n'est pas systématiquement une question de temporalité, et que, paradoxalement, c'est peut-être au paroxysme justement de la société technologique sous l'égide de satanistes tirant leur pouvoir de bien avant 1789, qu'en parallèle apparaissent au sein de cette société des êtres de pur érotisme et de Grand Amour, et donc d'équilibre de l'être, embrassant enfin l'émerveillement universel et abolissant la dualité du féminin/masculin afin d'embrasser le sexe « opposé » dans la communion totale de l'équilibre cosmique. J'ose le dire hélas que ces êtres sont rares, sinon le monde serait globalement tout autre, et que seule l'intense prière demandant de rencontrer un autre rare être comme soi-même, permet que de tels rares vrais êtres se rencontrent, et que cette rencontre sera ensuite mise à l'épreuve par l'obscurité décorée de fausse lumière tissant le maillage général de l'humanité autour d'eux.

Il faut force d'esprit et d'Amour, à la vie à la mort, et douceur pour réussir cette épreuve..

J'introduirai fougueusement que l'équilibre de l'être se trouve donc prioritairement en un seul mot : l'Amour qui fera en outre l'objet d'un chapitre consacré, mais il est pertinent déjà de conscientiser que l'Amour, qui pullule dans ses formes ultra aliénés de nos jours, est avant tout une composante essentielle de l'équilibre de l'être. De la volonté de vivre la paix en communauté réelle et authentique, ainsi que dans l'érotisme avec d'autres êtres vibrant, et de se battre jusqu'à la mort si nécessaire contre toute tyrannie qui viendrait totalement assujétir sa volonté de mouvement et de ressenti ontologique. L'être d'Amour veut évidemment vivre, vivre toutes les joies et jouissance de son corps et de son esprit, en communion avec la totalité de l'existence, il ne désire ni la guerre ni aucune violence, mais cet être se doit divinement de répondre à toute violence qui lui serait faite, avec proportion.. La légitime défense instinctive n'est pas seulement dirigée contre des individus malveillants, mais se doit d'être aussi ancrée au sein de la puissance de la Vérité contre tout étatisme ou tyrannie supérieure qui viendrait tenter d'apposer durement des chaînes sur cet être.. L'Amour ne peut être seulement une reproduction biologique ni un instinct de survie, ni une recherche d'intérêt dans cette même lancée dialectique, et combien nous tous, ces êtres de Lumière réelle et rare, pouvons voir toutes ces fausses lignées familiales qui n'arborent que des faux semblants et des faux attachements, sensiblement analogues à la toxicité de faux couples vénaux ou égotistes, ou d'amitiés à sens uniquement dévoué à la valorisation narcissique de tel ou tel égo surdimensionné dans le mauvais sens du terme.. Trop nombreux sont d'ailleurs tous ces vampires d'êtres qui savent dissimuler les traits du déséquilibre de l'être, éluder les évidences.., et grande est leur déstabilisation quand un être en quête d'équilibre leur porte au pinacle les pures Vérités, même sans aucunes paroles complexes, simplement par le regard, la vibration de son âme, et l'énonciation des grands préceptes de l'existentiel.. Et là encore le passé, les douleurs, les injustices du vécu dans l'aliénation civilisationnelle, malgré l'inégalité du développement de l'intelligence du cœur, ne sont pas des éternelles excuses à la corruption de l'esprit. Ce livre est une œuvre complètement atypique, différente non pas dans le fait d'être essentiellement un pamphlet doté d'historicité et de vision philosophique, mais grâce à la quête de la compréhension des profondeurs à la fois les plus lumineuses et les plus ténébreuses de l'être, afin de tenter d'amener chaque personne, qui le lira, à enfin trouver et/ou accepter son destin d'être, chacun avec ses propres caractéristiques et forces, dans la voie de l'équilibre, donc dans le cheminement du vrai être..

Chapitre 1 : L'être et son esprit

La plus remarquable caractéristique de l'être est l'esprit.. Tout être vivant, tout animal, est pourvu d'un esprit lui permettant, dans une immanence naturelle liée notamment à la survie, d'accomplir des actions ritualisées et de communiquer avec ses congénères. Ce qui intronise donc l'être humain dans une sphère de différenciation naturelle avec les autres espèces est donc son esprit ayant conscience de lui-même depuis que la longue lignée d'hominidés a abouti à homo sapiens. Le bouquin d'André Leroi-Gourhan, *Le geste et la parole,* montre relativement bien que c'est depuis que l'humain, a enfin posé des paroles sur des gestes qu'il entrera progressivement et irrémissiblement dans le produire de la future civilisation.

Il n'y a d'ailleurs qu'à regarder toutes les périodes antéhistoriques, estampillées à la gloire du carriérisme de la communauté scientifique officielle avec notamment des divisions commodes en âge de tel ou tel matériau nouvellement maîtrisé par l'homme : age de la pierre taillée (Paléolithique), age de la pierre polie (Néolithique), âge du cuivre (Chalcolithique), âge du Bronze, âge du Fer, etc. Le produire matériel humain est ce qui l'a amené à « dominer » la nature, comme il le montrait déjà intuitivement ou inconsciemment dès les premiers temples de Gobekli Tepe en Turquie, au IXe millénaire av. notre ère, avec des statues anthropomorphes édifiées plus hautes et plus imposantes que les figurations d'animaux sauvages, alors qu'il s'agissait du contraire pour les représentations iconographiques des grottes du Paléolithique. Gobekli Tepe était un site habité par des chasseurs-cueilleurs sédentarisés, ce qui tend à prouver que c'est concrètement à partir de la sédentarisation, et non par le passage d'un mode de vie basée essentiellement sur l'agriculture, que l'humain s'implantant dans un rapport direct de propriété à son environnement (construction de maison avec cellule familiale plus vaste, fabrication d'outils plus évolué, délimitation territoriale avoisinante, etc) glisse progressivement dans la notion de domination du vivant..

L'agriculture, la venue des maisons quadrangulaires bien calibrées pour le stockage et les échanges commerciaux, ainsi qu'une corruption latente de certains esprits depuis l'aube de la puissance obscure enveloppant l'esprit humain de certains individus dès le Paléolithique, ont permis l'émergence de la métacognition aliénatoire des individus voulant sans cesse du renouveau, ainsi que le développement de nouvelles structures religieuses et la construction de statues ou de bâtiments à l'effigie notoirement narcissique de plusieurs dieux ou à la gloire d'un souverain.. L'esprit se trouve par conséquent changé, insidieusement, et la société de consommation qu'on nous a fait croire naissante dans l'après-guerre de 1945, était donc déjà sortie de la matrice des angoisses anciennes..

C'est de la curiosité de création issue de frustrations émanant elles-mêmes d'un processus manifestement déterministe que sont apparues les aliénations posant ontologiquement problème chez les êtres humains, pouvant aboutir jusqu'à des suicides.. Le seul fait vérifiable que le suicide n'existait pas dans la plupart des tribus primordiales pose réellement question sur la teneur et le sens de la Société.. Les solutions ? Des adeptes homogènes du bouddhisme diront que le bonheur est en nous, même dépossédés de tout matériel, ou de toute extériorité relationnelle. Des jusque boutistes de la chrétienté officialisée pensent que tout ce qu'il faut comprendre et penser se trouve totalement dans la bible, et même des libéraux démocrates y trouveront de quoi délecter notamment leur soif de profit même « bienveillant ». (n'est-ce pas là les pires car ils bafouent ainsi le véritable divin..), des athées affirmeront presque religieusement que l'individualisme et le travail sont les piliers d'une société équilibrée pour le « bien commun ». Ho que de subterfuges et de demi teinte de pensée sont par conséquent ici exclamées dans l'agora fiévreuse des cervelets cherchant un but ultime à leur existence, jusqu'à en oublier l'essentialité de leur sens et de leur âme.. Je peux vous le dire que même la phraséologie ultimement sincère, certes non prononcée au sens humain, des aboiements d'un chien ont un sens bien supérieur à toutes ces simagrées d'humains aliénés..

Un être d'équilibre, même au milieu de cette société, même avec toute l'empathie du monde, ne peut pas éternellement se ranger ou se réconcilier avec des êtres cupides, égotiste jusqu'à l'infini, représentant encore les égrégores particuliers de la propriété esclavagiste, et de la perte durable de saveur de la spontanéité dans la véritable bienveillance de la vraie concorde de fraternité et d'Amour. On nous rétorquera promptement que les différents esprits ne sont pas égaux face aux situation et à la capacité de comprendre, mais je peux vous dire que, si dans l'espace de quelques secondes, vous parvenez à déceler un sourire machiavélique façonnant le visage d'un être proche ou éloigné à qui vous avez tenté vainement d'expliquer pourtant longuement les vraies valeurs et la Vérité, alors vous saurez que seul un rare rayon divin pourra peut-être sauver cette personne, et que vous n'en avez nullement la responsabilité.. Car c'est aussi l'hétérogénéité des esprits qui fait que certains humains sont plus enclins à être des véritables êtres.. Combien d'êtres sont de nos jours capables de donner leur vie pour une juste cause ou pour sauver d'autres vies ? Un certain nombre fort heureusement, mais ces humains, encore empreints d'humanité authentiques, sont en exponentielle voie de disparition. Et toi Grand Homme, qui était prêt à donner ta vie pour les autres, tu te rend compte que eux ne le feront pas pour toi, mais, quoi qu'il arrive, dans le coeur le plus divin qui soit, tu le feras tout de même car tel est ta vertu... Comme aurait dit l'apôtre Jean, dans la bible « *Il n'y a pas de plus grand amour que de donner sa vie pour ses amis* ».

Il existe encore certains dangers, des situations, des contextes particulier, où un homme a pu donner sa vie pour sauver un proche, ou bien un pompier tenant son serment de sauver son prochain du péril d'un feu, ou un soignant se sacrifiant sa propre santé pour sauver celle des autres, l'admettre est leur rendre hommage, mais dans la société de l'apparence, dans les rues marchandes ainsi que dans les cages à béton qui leur sont juxtaposées, où il se livre presque partout une guerre de tous contre tous, combien ont l'esprit suffisamment puissant et altruiste afin de donner leur vie pour les autres ? Si tout le monde avait cet esprit, sans doute que l'humanité aurait eu enfin le courage de donner sa vie pour l'insurrection mondiale nécessaire afin de retrouver le chemin de l'équilibre de l'être..

L'esprit est le chemin de la libération de l'être.. L'esprit s'oppose clairement au mental qui, lui, est assujettis totalement à la matière et la simple quête de survie et de plaisir immédiat dans la considération solipsiste. L'esprit est lié au cœur, et le cœur est le chemin de l'humain dans sa justesse d'épanouissement immédiat désaliénée.. Comme disait Blaise Pascal ; « *Le cœur a ses raisons, que la raison ignore* ». En effet, ce qui guidait globalement la volonté de l'homme et même de la femme, encore dans les sociétés d'Ancien Régimes, était le cœur et non la principauté de la Raison que nous a vendu la modernité de la philosophie de la plupart des Lumières de 1789 en lien avec le satanisme. La Raison, c'est la technicité toujours rapidement accrue, c'est la fausse transcendance désirant toujours plus d'avenir, et de projection vers la seule quête matérielle et de reproductibilité des faux plaisirs bourgeois. René Guénon, dans son grand ouvrage intitulé « *La crise du monde moderne* » , avait flamboiement détaillé cette grande crise qui traverse notamment l'époque moderne sans spiritualité guidant le cheminement général ; cette époque du règne de la quantité et du matérialisme, où l'ensemble global des esprits sont assujettis à la non croyance à un idéal transcendant et collectif. Chaque être est donc modernement esclave de sa propre condition déjà de survie égotiste, mais aussi de plaisir immédiat de reproductibilité de l'individualisme et de la fausse conscience, et la Raison a été un des outils à un tel dessein. La fausseté exponentielle a émergé depuis que l'oppression et la domestication ont été infligées aux hommes depuis la Révolution néolithique – et même légèrement avant – mais la Raison a cheminé depuis que la civilisation a tracé son chemin initial et a trouvé son apogée destructrice dans la modernité, et il en va de l'homme désaliénée de vouloir interrompre ce chemin de perdition. Le cœur suffit pour vivre la communauté de vraie vie. Le fait par exemple de « tomber » amoureux, est un fait sans explication scientifique ni technicité psychorigide ayant pour dessein de l'expliquer avec la « Raison », car l'Amour est immédiat et verticalement transcendant, qu'il soit partagé dans un véritable coup de foudre, ou bien même malheureusement souvent à sens unique dans cette société trop hétérogène.. Rassurez-vous les amoureux car, quelle que soit l'issue de votre Amour, vous avez au moins accompli le but ultime sur Terre qui est de ressentir et vivre l'Amour, dont l'origine est dans l'acte primordial d'insuffler l'existence.. Simultanément à ces vérités qui seraient vues comme des élucubrations par l'individu aliéné de base, l'Amour, selon la doxa même des œuvres cinématographiques pourtant éponymes dans la deuxième moitié du XX siècle, n'a qu'une existence mineure. Pensons au très grand film psycho-philosophique de Stanley Kubrick, intitulé « 2001, l'Odyssée de l'espace », dans lequel notamment nous voyons, au début du film, un bloc monolithique noir apporté à la genèse de l'humanité, soit par un Dieu, soit par une entité extra-terrestre, soit par un mauvais démiurge satanique, et qui transfigure totalement la vision de l'existence dans notamment l'esprit d'un des pré-humain hominidé. Après avoir avoir vu et touché ce objet absolument rectiligne, faisant constraste avec les surface rocailleuses imparfaite de la nature environnante, un des hominidés, préfigurant un chef de tribu, commence à avoir l'idée d'empoigner un ossement d'une carcasse d'animal afin de l'utiliser comme une arme de frappe. Il commence en outre par détruire les os autour de lui, ensuite il tue un animal afin de fournir de la viande à la tribu – alors que précédemment le groupe d'hominidés mangeaient essentiellement des végétaux en communion avec les autres animaux herbivores – et il coalise tout le groupe afin de produire une démonstration de force face à une tribu adverse, allant jusqu'à tuer un des membres de cet autre groupe humain dans l'objectif de conquérir un point d'eau au milieu d'une nature par ailleurs particulièrement hostile. Là naissent les idées de conquête et de guerre, de peur supérieure de la mort en lien avec le concept du moi-profond comme sujet ayant conscience de la temporalité, qu'on retrouvera également des millions d'années plus tard, dans le scénario du film, chez l'intelligence artificielle consciente Hal 9000 qui, par peur d'être débranchée par les humains, n'hésite pas à mettre à mort pratiquement tout un équipage d'un vaisseau spatial.. Où est l'Amour au milieu de tout cela ?.. Il est inexistant. Philosophiquement, il existe très probablement chez la mère tenant son bébé hominidé, ou chez un individu masculin réfléchissant en humanité, mais le grand Amour est inéluctablement absent. Les films ne sont pas des exemples absolus de la Vérité..

L'attitude normale d'un véritable être humain devrait consister à rechercher la lumière chez un autre être lumineux, et non de la rejeter cette lumière en passant du temps avec des gens largement obscurs. La masse des humains modernes recherchent notamment l'obscurité, leur subconscient ayant trop été matraqué et corrompu par les propagandes audiovisuelles, par le monde cruel du travail, par diverses déceptions et trahisons, et par l'urbanistique froide de cette société. L'être humain pleinement éveillé que je suis a d'ailleurs été maintes fois abasourdi par les retournement de situation de certaines relations avec des gens se disant eux-mêmes différent de la masse, « éveillés », mais qui pourtant reproduisent les schémas de l'esclavagisme mental de ce monde.. Par exemple, ces gens qui se disaient contre la dictature sanitaire, contre les faux chiffres du nombre de morts du covid, contre les confinements, contre tout ce qui émanait de cette gigantesque expérience mondiale de Milgram, cependant, ces mêmes gens, relationnellement, sont détruits et obscurcis encore par du passé ou par d'autres aliénations du système les poussant à reproduire des schémas de division et d'autosabottage en amitié ou amour.. Ils ne sont pas libres, mais seulement dans le mimétisme du mal.. Gageons que parfois on croise paradoxalement des personnes davantage humaines et avec une compassion plus grande dans des esprits ayant cru aux mensonges du système.. Il vaut mieux une naïveté sincère et ne voyant pas le mal, plutôt qu'une mise en marche de l'égo cherchant à « ne plus souffrir » à cause des autres.. Les nuances sont à décrypter.

Tant que l'esprit sera en tout cas emprisonné dans l'alliance tronquée de l'argent, et de ses sbires mondialement répartis, nous aurons par exemple des éléphants esclaves et maltraités en Thaïlande pour l'industrie du tourisme, fourmillant d'inhumains, pourris jusqu'à la moelle, brutalisant ces animaux avec des crochets et les attachant ignoblement afin de les faire obéir dans la servitude la plus totale. Et des spectateurs en ayant rien à foutre de toutes ces saloperies.. Fort heureusement, il demeure là une femme du nom de Lek Chailert qui parvient à sauver quelques animaux par ci par là, comme l'a montré un bon documentaire sur Arte. Les éléphants dans ce pays étant passés de 300000 à 6000 membres de cette espèce. Cette ignoble boucherie à ciel ouvert, qui pourrait nous rappeler une sanglante boucherie parisienne de la fin du XIX e siècle, qui même en l'état d'aucune famine, se prenait en photo, avec une fausse fierté de merde, comme une bonne « boucherie canine ».. Et oui, des Parigos d'il y a 1 siècle presque et demi bouffaient des chiens et c'était tout à fait légal même dans le reste du pays.. La plupart des gens voit la cynophagie comme l'apanage presque exclusif du monde asiatique, toutefois l'occidental a aussi bafoué son origine paléolithique et cosmiquement liée à l'entraide avec le chien, depuis bien longtemps.. Imaginez donc, demain un chaos mondial, ou national, peu importe, dans cette civilisation du gros ventre et de la « survie à tout prix », même pour certains alités sans plus bouger dans un hôpital pendant des années, pensez-vous que beaucoup d'humains seront capables de jeûner plusieurs jours ? De spirituellement se connecter à l'Ordre Divin, à cet Age d'or intérieur qui demeure encore pour l'être qui veut bien le voir..

Sauront-ils se priver pour d'autres ? Sauront-il enfin penser à l'autre avant eux-mêmes afin que justement chacun soit heureux dans l'accomplissement de l'autre rayonnant sur soi-même, dans une véritable réciprocité.. Sauront-ils fraterniser afin de répartir la nourriture restante, et se coaliser en communautés fraternelles afin de produire le quotidien dans des campagnes comme jadis ? Je pense que beaucoup, même les plus récalcitrants au système, tueront le chien de leur voisin afin de satisfaire le plus rapidement possible leur digestion.. Ils se déshonoreront plutôt que d'embrasser l'épreuve et la possibilité de mourir avec honneur..

Dieu saura faire lui les disctinctions absolument équitables au sein de son au-delà, tous les traitres à la Vérité et au bon sens de la vraie dignité et force de vie récolteront ce qu'ils ont semés.. Dans toute aliénation, il existe un prélude à son existence, et ni les souffrances passés, ni les dogmes « d'obligations », ne peuvent être justifiables au sein du grand Mystère pourtant connu.. Dans cette très longue civilisation, le rare individu, inexorablement en recherche de l'équilibre de son propre être, simultanément de sa propre rédemption et de sa volonté d'exprimer toute sa richesse intérieure, saura d'ailleurs identifier les faux prophètes dans le giron même des dénonciateurs de faux prophètes.. Que penser de chrétiens intégristes, se disant de Dieu, combattant oui le féminisme, mais qui pourtant croient encore à la genèse de 6000 ans ou qui valorisent la soumission pacifique totale même face à l'abjection.., et de l'autre coté, en face d'eux, en éternels ennemis (mais complices implicites sans que les deux camps ne se le disent..), stationnent les hypermodernes, sachant la vérité concernant les origines cosmologiques et géologiques, ou même créatrices de la Terre, mais reniant les valeurs humaines intemporelles. Par exemple, ne choisissez jamais les

matérialistes, ni les antimatérialistes.. Je vous le dis, en ultime Vérité, ne choisissez totalement
aucun de ces camps.. Chacun a été intégré insidieusement par le maitre du Mal et fait preuve avec panache de subtilités séductrices... Quand bien même on y croise des individus plus éveillés que d'autres, ou faisant preuve de véritable empathie, on y trouve également de l'hypocrisie et des relations d'intérets que Dieu execre profondément.. C'est un constat malheureux que globalement l'humain moderne a besoin constamment de sa dose d'effet pygmalion couplé d'une effervescence de diablerie afin de se sentir exister.. La solitude créative vaut mieux que la fausse compagnie, tout en souhaitant les rencontres de fertilité existencielle, et l'être d'équilibre doit à contrario fuir cette solitude généralisée où la majorité des gens sont seuls même quand ils sont accompagnés, seul dans leur propre égo, seul dans leur aliénation supérieure non dite, seul dans cette destruction de leur intériorité intemporelle..

Songeons mes amis à tous ces gens qui s'appitoyent sur le sort malheureux d'inconnus se trouvant à des milliers de kilomètres de chez eux, qu'ils ont vu à la TV, mais qui sont capables dans leur environnement immédiat d'engendrer le mal autour d'eux. Ils pleurent des fausses larmes de tristesse, et ne sont que rarement vraiment illuminés par l'émerveillement de la vraie empathie. Le commandement christique « Aimez votre prochain comme vous-mêmes » n'est ainsi pas appliqué réellement, car dans un monde globalement signifié par cette seule phrase de vérité, tout le monde ferait le bien directement autour de chez lui, et ainsi nous connaitrions la paix mondiale et l'éradication des aliénations, des ostracisations, ainsi que la finitude des injustices. Il ne pourrait y avoir dans un tel monde aucune élite corrompue ni citoyens de base règnant sur sa petite vie avec bassesse et délectation dans la ligne tortueuse du conflit et la division.. Les choses se révèlent tôt ou tard : les faux sourires, les regards avachis, la fausseté qui émanent de leurs êtres corrompus.. Ces faux êtres qui m'ont utilisé et jeté ensuite comme de la merde comme ils ont certainement fait de même avec d'autres êtres vrais. Et le Karma et Dieu agiront fortement, je le sais. Ils peuvent manger, ils peuvent même baiser, ou fréquenter des fêtes, mais ils fréquenteront aussi l'enfer de la désolation intérieure ainsi que des épreuves de punition divine, car tel qu'il est écrit, la vengeance de Dieu lui appartient, et il protège des fils de Dieu. Tous ces traitres, tous ces monstres déshumanisés, tous ces chercheurs de conflits et vampires d'énergies, qui n'ont d'ailleurs autour d'eux que des relations durables d'intérêt, finiront dans le terreau du diable. Tu peux avoir ce que tu veux : maison, frigo, matériel, conjoint à baiser, si c'est faux c'est faux. Si ce n'est pas le vrai amour ou la vraie amitié, c'est de la terre corrompue propice à la négativité.. Ainsi est la Vérité : ""S'il est possible, autant que cela dépend de vous, soyez en paix avec tous les hommes. Ne vous vengez point vous-mêmes, bien-aimés, mais laissez agir la colère; car il est écrit: A moi la vengeance, à moi la rétribution, dit le Seigneur. (La Bible chrétienne, Romains 12:19)"".

L'esprit de l'humain, dans sa force primordiale, est concrètement conçu afin d'être dans la joie impérissable et l'inébranlable quiétude. Toutefois, la pensée naturelle est de se venger, bien évidemment, quand notamment on a croisé trop de gens faux qui nous ont abandonné et fait souffrir, ou quand certaines personnes on voulu nous imposer de fausses relations ou bafouer notre honneur.., et aucun vrai philosophe ne pourra contredire le fait qu'éliminer les gens mauvais de la surface de la terre améliorerait la destinée de bien des humains encore empreint d'âme authentique. Mais cette loi de merde, cette loi du Capitalisme, cette loi des élites de Satan, interdit cela, cette société a besoin davantage d'une multitude d'esprits malveillants, égotistes, jouissant dans la fausseté de relations d'intérêts intégralement dévoués à la satisfaction globale de la survie et de l'instinct animal dévoyé.. Cette survie macabre, utile à la perpétuation de nos corps, mais tant ostensiblement préjudiciable pour l'esprit. Le bien fondé et la résilience des relations notamment modernes s'en fussent donc trouvées altérées. La plus plus grande étendue de la corruption de l'âme humaine se manifeste concrètement quand un de ces individus, notamment la femme résolument moderne qui est passé maitre dans ce type de manipulations, fait croire à un grand Amour ou une grande amitié, et, du jour au lendemain, quand le monstre a fini de consomner l'autre Etre insidieusement objectifié, la victime souvent masculine fini rejetée, dégagée de la relation, abandonnée, et mis à l'écart alors-même que ce bonhomme ne sait même pas pourquoi il a subi un tel sort.. La trop récurrente damnée post féministe est restée des années avec des mecs mauvais, recherchant cette souffrance, tirant une fausse jouissance digne d'un film d'horreur de ces scènes dramatiques, et ensuite elle utilise en moins de temps l'homme de vertu comme un moment euphorique de joie épisodique à sucer jusqu'à la moelle et à jeter à la poubelle. Traitez de mysogyne ce livre, si vous le voulez vous-même et vous assombrirez votre propre karma en faisant cela car vous serez dans le mensonge, car je n'en veux pas au genre féminin dans son substrat véritable, et je critique seulement la vaste majorité des femmes actuelles qui ne sont pas des vraies femmes.. Il existe encore de rares femmes biens. D'ailleurs, combien est promptement grossier l'argument féministe, relayés à toutes les sauces noires de la télévision, prétextant qu'un viol a lieu toutes les 6 minutes en France. Il existe bien évidemment de viols macabres, mais ce chiffre est exagéré. Faisons le calcul : un viol toutes les 6 minutes, cela fait 10 viols par heure, donc 240 viols par jour car on compte 24h dans une journée, et donc on dénombrerait 87600 viols par an France, selon ces bouches corrompues.. Cela est totalement impossible, puisque trop d'hommes seraient ainsi jetés en prison chaque année, et la société ne pourrait même plus fonctionner. Et je doute qu'à l'époque du « Me too », et de la femme « libérée » autant de femmes passeraient sous silence, et sans porter plainte, un viol.. Voilà la vérité. Le mensonge du système est ancré afin de continuer à diviser les hommes et les femmes, faire passer la majorité des hommes pour des « monstres », afin d'engendrer insidieusement chez les individus des deux sexes une mentalité produisant des relations d'intérêts ponctuels dans la survie du système et non affirmer de vrais grands Amour authentiques.. De surcroît, bon nombre de femmes, très certainement avides d'argent, de dommages et intérêt, et mettant en œuvre l'intériorisation féministe de la vengeance sur des hommes du passé, accusent faussement de viols des hommes notamment haut placés dans la hiérarchie mondaine, allant jusqu'à plaider « qu'elles pensaient qu'elles étaient consentantes sur le moment de l'acte sexuel, mais qu'elles étaient sous emprise donc pas réellement consentantes ».. Par conséquent, elles ouvrent la boite de pandore de la rétroactivité post réflective de la notion de consentement à l'acte sexuel. Il suffit de nos jours qu'une femme se mette à mentir sur son soi disant état antérieur de consentement faussé, pour qu'un homme se retrouve en garde à vue et risque la prison.. Je le dis haut et fort, si une femme venait personnellement à m'accuser faussement de viol, non seulement je saurai me venger naturellement et physiquement face un tel déchet inhumain que je ne considérerai plus comme une femme, et par la suite je combattrai arme au poing les flics ou les bras armés de la dictature féministe et satanique (qui ont eux-mêmes pour un grand nombre vendus leurs âmes depuis longtemps en acceptant de faire un tel boulot sous des ordres tyranniques..) de ce système global corrompu. Fort heureusement que les hommes précaires ou dépourvu de richesse matérielle n'intéressent que peu les femmes vénales ou ignobles accusatrices.. Mais mieux vaut mourir seul dans l'Honneur, et avec une dernière prière puissante avec Dieu, que de se laisser enfermer comme innocent.. Tous les hommes forts, n'acceptez pas toutes ces injustices, dépassez votre peur de la mort, et brandissez la puissance de vraie vie afin de détruire cette société !! Si beaucoup plus d'hommes montraient le vrai exemple, soyez certains qu'on vivrait déjà dans une autre monde..

Rejeter quelqu'un est louable quand on a été trahis ou qu'on nous a réellement fait du mal (même si le pardon est pourtant la voie divine suprême), mais rejeter quelqu'un de Bien qui n'a rien fais de mal, qui n'a chercher aucun conflit, après lui avoir fait miroiter à des projets d'épanouissement commun, à de la chaleur humaine, est un des plus grands supplices pour tout âme encore vibrante.. Ces monstres sont d'ailleurs très habiles afin de créer des conflits et faire passer la personne de Bien comme étant à l'origine du conflit.. Mais comme nous le savons, nous autres êtres divins, le mensonge est l'essence de cette société et de tous ses esclaves dont l'art qui peut malgré tout accoucher de leur cerveau malade est bien souvent que le reflet des sillages scabreux qui jalonnent leurs obscures pensées.

Une femme qui se met en couple avec un mec principalement attirée par son statut social, son fric, et son aisance matérielle, vend son âme au diable.. Il en est de même si l'attirance était uniquement amusante et sexuelle au départ, et qu'ensuite se met en place la vénalité... Un homme qui accepte une telle fausse femme uniquement par intérêt sexuel et avec de la "compagnie", tout en sachant qu'elle est façonnée par cette vénalité et obscurité, vend aussi son âme au diable.. Pire sont les soi disant "chrétiens" qui se comportent ainsi de façon mesquine aux regards du monde.. Le diable va donc récupérer plein d'âmes.. Le vrai Amour est le devoir de vraie vie, car le vrai amour est façonné par un homme et une femme qui sont ensemble sans aucune arrière pensée, uniquement pour la présence de l'autre, et le vrai partage en lien avec le divin ! Baiser une prostituée dans un bordel espagnol légal et donner de l'argent ainsi à une femme pour seulement une demi-heure de sexe, est assurément plus honnête et moins entaché de corruption de l'esprit que de jouer un faux rôle au quotidien, dans la vénalité de la pléthore des couples complètement modernes.. Quoi qu'il advienne, le vrai Homme, aura toujours cette énergie sexuelle débordante, maitrisée mais reliée à l'authentique sensualité et jouissance avec une vraie femme, et l'Histoire a montré que les plus virils des créateurs et des chercheurs de nouveauté et de conquête (même dans la simplicité campagnarde) étaient des hommes avec une virilité beaucoup plus affirmée qu'une certaine masse.

Sans doute que les mégalos milliardaires ou nouveaux riches millionnaires se vanteront, dans un avenir proche, dans leurs diners extravagants, de s'être payé un diner bourgeois de fiançailles de merde à 750000 euros dans l'espace comme certaines entreprises proposent déjà de tels projets d'ampleurs.., pendant que d'autres humains ne peuvent même pas se loger sur terre... Voilà un exemple de la société capitaliste à abolir. N'allons pas dire que deux individus, homme et femme, sont réellement amoureux de la vie et de leur partenaire, quand le narcissisme exacerbé qui traverse leur désir de monter au

7ème ciel, se résume à dépenser une somme mirobilante au lieu d'être des humains en quête d'entraide et d'utiliser cet argent, en commun, afin de faire le bien autour d'eux... D'ailleurs, chez les bourgeois, les histoires de tromperies et d'infidélité croissante sont légions, et même acceptées par les femmes perfides de ces couples où l'homme est très souvent vu comme un porte-monnaie ambulant. Les femmes en font certainement autant dans des partouzes secretes ou autres saloperies. La fidélité sexuelle absolue dans le couple, c'est pour l'homme pauvre.. Au moins, eux, les bourgeois, on pourrait leur décerner la palme du refus de la misère sexuelle, qu'ils imposent pourtant au reste de la populace notamment masculine par divers stratagèmes sociétaux. Le pire se trouvant dans les histoire de pédocriminalité et autres cercles sataniques, qu'il faudra un jour éradiquer de la surface de la terre, car les vrais humains auront enfin accompli l'insurrection finale..

Et bien des ermites ont décidé de partir vivre seul en version SDF, ou dans une cabane reculée d'un territoire non controlé, afin de fuir toutes ces terribles réalités, mais l'homme de raison, de valeur, de quête, sait que ce n'est guère la solution. Celui qui s'isole peut-il partager et dire des vérités ? Non. Il s'isole dans la solitude et l'aliénation avec lui-même et son propre esprit en frustration,et rien n'est certain que la contemplation de la nature soit suffisante pour un véritable homme. Cette même nature qui est un substrat naturalisant de la domination oligarchique que nous devons combattre. L'esprit de l'être doit être tourné vers cet idéal si tangible dans la construction intériorisée qui est la communauté de vraie vie, la communauté des hommes et des femmes, pleinement ancrés dans leur fort intérieur et dans le rapport à l'autre sans intermédiaire.. Des communautés qui ont existé, et qui devraient réapparaitre enfin pour le Salut de l'humanité. Des communautés véritablement jouissives, naturelles mais suffisamment évoluées, loin du faux progrès sociétal, et où l'esprit sera en plein déploiement de son altérité avec les autres corps et les autres âmes.

Chapitre 2 : L'être et son corps

Toutes les espèces vivantes sont manifestées dans le règne de la matière par un corps, et toutes celles qui incluent notamment un cortex cérébral sont dotées des aptitudes de jouissance ou de souffrance, et d'en être en partie ou pleinement conscient. Le corps, nonobstant son unité globale, est donc caractérisé par cette dualité, et il rejoint de la sorte les innombrables dichotomies endogènes ou exogènes qui constituent l'existence visible et physique de l'univers.
En comparaison avec d'autres espèces, l'être humain a cette faiblesse naturelle d'être nu devant les éléments. Sa force physique n'est pas la plus puissante au milieu des animaux, il ne possède pas de pelage naturel le protégeant du froid, et il est désarmé face aux dangers de la nature s'il se retrouve tout seul. Pour subsister, il doit donc faire communauté, pleinement épanouie ou aliénée selon le lieu et l'époque.. Cet être naturellement incomplet et rebelle déjà durant ses prémisses face à la spontanéité cyclique de l'existence, a donc dû, immanquablement, trouver des peaux d'animaux pour se vêtir, construire des abris suffisamment élaborés pour se protéger des aléas climatiques, et élaborer des outils et des armes afin d'affronter ou se défendre face à un tigre à dents de sabre en pleine charge ou pour chasser un cerf . L'homme possède donc des capacités de déplacements et de déploiements physiques assez développées dès ses origines, dans une harmonie avec le

groupe dont il fait parti, et en coordination directe avec les nécessités vivrières incombant à sa nature physique.

Mais l'Humain est différent physiquement des autres espèces, c'est qu'il possède une spiritualité, une réflexion au delà des conceptions de simple survie et reproduction des multiples animaux. Il est lui aussi un animal, scientifiquement dénommé un vertébré, toutefois son âme particulière transcende son existence toute entière.

 Il peut tenir un objet dans sa main, le contempler, et projeter sur lui toute sortes de transformations. Le corps humain est inhérent à l'esprit qui l'habite, il est le temple de la créativité divine sur terre.. Si l'on prend le summum de l'expressivité humaine du corps à travers l'érotisme, la longue caresse sensuelle, l'Amour de deux êtres physiques faisant l'Amour, on tient là la primauté de la beauté du corps dans ses représentations les plus flamboyantes car aucune autre espèces ne fait l'Amour, et l'acte sexuel n'est globalement qu'une formalité cyclique de reproduction dans le giron animal, excepté chez quelques dauphins ou primates évolués. Quelle atrocité de songer à ces cerveaux garnis de souhaits seulement matérialistes et de survie qui acceptent de devenir des ouvriers, des contremaitres, ou des commerciaux, pour de vastes bateaux usines pêchant des tonnes de poissons sauvages notamment aux larges des côtes outre atlantique, aux abords des terres africaines, -raclant outrancièrement les fonds à l'aide de leurs radars, et qui transforment ensuite ces poissons sauvages en farine afin de nourrir ensuite les poissons d'usines d'élevages. Il faut 4kg de farine pour nourrir 1kg de poisson d'élevage, ce qui constitue un désastre écologique.. Ces mêmes salariés et patrons, surement syndiqués, en divers lieux sur notre planète, continuent avec vacuité leurs actes, allant jusqu'à tolérer que des dauphins finissent étouffés dans leurs filets.. Outre cela, nous savons aussi que les sonards de l'industrie pétrolière, en haute mer, désorientent fortement les repères naturels des dauphins et ces derniers peuvent finir échoués et mourir également aux bords d'ilots ou de côtes habités.. Quelle horreur que ce capitalisme, qui, malgré l'essor de technologies qui permettraient de sortir des énergies fossiles, conservent encore ces niches financières adorées par des magnas milliardaires et empêchent des ingénieurs bien intentionnées de sortir des œuvres respectant la planète. Cette destruction inepte et contrôlée constitue surement aussi une partie des sacrifices sataniques..

Combien d'artistes ont peint des magnifiques corps de femmes ou sculpté des statues grecques d'hommes se tenant debout fièrement dans la posture de puissance qui les caractérisait. Ho oui, qui ya t-il de plus puissant qu'un héros prêt, dans l'abnégation la plus totale, à mourir pour une cause ou un idéal.. Cela dépasse toute autre considération de simple survie, cette piètre fausse saveur notamment répandue dans cette modernité, dans cette société davantage érigée sur une colonne trop haute de peur que sur un véritable horizon de vie..

Le corps est joie quand il est étreinte réelle et sincère d'amitié, caresse sensuelle et pénétration vertueuse dans l'Amour, et il s'accorde totalement ainsi avec l'âme. Mais le corps est souffrance quand il est oppressé, vidé de sa substance, quand il travaille trop pour le profit, quand il est privé dans la solitude solipsiste de sa substantialité essentielle de communion avec l'autre humain.. Il est souffrance quand il est handicapé par un accident, ou quand il est laid, car un visage très laid, cette immondice d'injustice naturelle, exhortera les autres regards moqueurs à ostraciser ce corps même si l'âme est belle.. Quel individu, notamment dans la société des apparences, tomberait amoureux d'un corps moche, sans formes harmonieuse, et sans beau visage ? Qui tomberait avant tout amoureux ou amoureuse d'une âme ?.. Même les amants vertueux, anti bourgeois, et aventuriers, du film Titanic, avec Leonardo Dicaprio dans le rôle de Jack le baroudeur fauché et de Kate Winslet dans le rôle de Rose, la jeune femme bourgeoise se détachant de ce confort de prison doré plein d'hypocrisie, se sont d'abord aimés sur une première fondation de beauté physique... La fiction peut mettre clairement en exergue une réalité. Je me souviens d'ailleurs encore d'un homme en situation de handicap, en chaise roulante, ne pouvant que peu utiliser ses bras.., se confiant à moi en disant qu'il en voulait aux médecins modernes de l'avoir « sauvé » à l'hopital après son accident de moto. Anciennement, il avait une femme, il faisait du sport, il jouissait de se concocter des plats lui-même, etc, et, du jour au lendemain, il fut privé de tout cela, sa copine partit, sa famille le délaissa, et il fut prisonnier d'une chaise roulante, se rajoutant à cela l'humiliation quotidienne d'une infirmière venant lui changer sa couche.. Est-ce le destin normal d'un homme ? A d'anciennes époques, il y avait que peu de personnes handicapées ainsi car les moyens financiers et matériels ne le permettaient pas globalement, et cela ne constituait pas non plus une manne de profit. Pourquoi valoriser une vie de souffrance ? Bien évidemment, on pensera modernement que ces personnes peuvent compenser leur invalidité physique par des élévations intellectuelles ou divers types de créations, ce qui pour certains peut être effectivement le cas, mais une grande majorité demeure uniquement dans la souffrance. Ayant travaillé pendant des années dans le secteur de l'aide à des personnes en situation de handicap, j'ai pû constater toute cette détresse humaine et j'ai aidé comme je pouvais ces personnes handicapées. Dans un autre monde mondialisé communard, dans la fédération des communes universellement unies, je serai favorable à l'instauration d'un fichier mondial permettant de refuser des soins, dans l'éventualité prévisible d'un accident ou maladie au niveau individuel, qui engendrerait un certain degré d'handicap et que le libre arbitre de mourir dans la dignité soit respecté.. Ce qui était l'apanage d'ailleurs des hommes guerriers anciens dans des communautés encore vraies.

Le corps est ainsi à la fois un scintillant éclat de bonheur ou une sombre prison. Tout dépend des nuances, de l'esprit fort ou faible incorporé dans cet amas physique, de la volonté de vouloir exulter réellement quoi qu'il arrive..Le corps n'est pas à renier, ni à particulièrement valoriser. Autant dans les goûts culinaires, que dans les passions charnelles de toute sorte, je répéterai inlassablement le précepte que j'ai inventé dans un précédent ouvrage ; ni décadence ni abstinence.

Mais parfois, ne vaut-il pas mieux une véritable abstinence jusqu'à rencontrer enfin la personne qui nous correspond véritablement ? Effectivement, dans ce monde foncièrement dénaturé et avide de fausseté, on peut à bien des reprises croiser le chemin d'êtres qui nous feront croire à une rencontre authentique, et qui auront comme prérogative insidieuse de se nourrir de la négativité qu'ils auront eux-mêmes instigué dans l'acte sexuel avec un autre être lui en quête de véritable altérité, quelle soit éphémère ou durable.. Des vampires d'énergie qui sucent l'énergie d'autres êtres, tout en jettant l'opprobe du qualificatif de vampires d'énergies sur d'autres êtres. C'est le serpent qui se mort encore une fois la queue, ou l'hopital qui se fout de la charité.. Comme certaines femmes qui sont capables de dévaloriser un homme pour une seule fois où il aurait une panne d'érection à cause d'une fatigue particulière non voulue, ou bien car ce foutu préservatif anti jouissance l'emmerde profondément et qu'il lui faut une ou deux minutes pour faire remonter son phallus en état de puissance ; cette capote rendue obligatoire par la propagande étatique proclamant des millions de contaminés qui juguleraient nos trottoirs, alors que tout un chacun connaît rarement un être mort d'une MST. Qu'elles sont cruelles ces innombrables jezebels postmodernes qui se plaignent qu'un coït même puissant de 10 min n'est pas suffisant pour atteindre leur orgasme qu'elle ne sont même pas capables de ressentir consciencieusement, et voulant de la quantité consommatoire de presque 45 min de bite dans leur vagin qui a déjà vu trop de mecs.., à en faire retomber une hyper transpiration presque crasseuse sur leur recherche du désir du désir comme aurait presque fredonné Hegel.. Ces pétasses préférant être patientes avec un godemiché à piles, plutôt que prendre le temps de se laisser aller à une véritable fusion avec l'altérité masculine. Je vous le dis, on trouve autant de ces spécimens féministes à souhait, autant chez des derniers zestes hippies que chez des bourgeoises. Leur corps n'est même plus un corps réagissant dans la féminité pure, et combien est véridique cette affirmation quand une de ces fausses femmes vous avoue elle-même, non pas à demi-mot mais avec parole sèche et consumante, qu'elle est une femme masculine..

Ho combien le corps est vendu à toutes les sauces de nos jours, pour le dénaturer, à travers des publicités afin d'accroître exponentiellement les profits capitalistes en suscitant des désirs compulsifs d'achats se rattachant à une sensation physique agréable, mais ne consistant que dans un plaisir sans vertus, et dans aucun désir de partage durable avec autrui. Toutes ces publicités qui font de l'être lui-même une denrée jetable, qui doit juste se modeler au souhait du regardant égoïste, et non dans la recherche authentique des besoins réciproques..

C'est d'ailleurs la capacité et la volonté d'accomplir les besoins essentiels et réciproques qu'on a constamment du mal à trouver au sein de la société aliénée, alors que ces besoins étaient largement comblés au sein de communautés que des fervents défenseurs du scientisme qualifieraient « d'arriérées » ou de « primitives ». Mais comment osent-ils affirmer cela ? Quand il s'agit à proprement parler de leur société capitaliste qui vante odieusement le culte du plus « fort », la compétition, de traiter d'autres êtres comme des détritus, ou de marginaliser à outrance..

Fort heureusement, il persiste courageusement des communautés, par exemple en Inde avec les Khasis et les Garos, qui sont des groupes humains organisés autour du matrilinéaire, sans patriarcat, dans une certaine harmonie, sans profit, sans règne de l'argent, et où l'importance de la concorde durable est présent primordialement. Soyons certains, d'après des exemples ethnologiques et observations réelles, que les couples (même dits « libres) et que les familles demeurent unies et se respectent dans la simplicité. Le corps n'est pas banni ni voué à un culte dans ces mondes équilibrées, et la sexualité y constitue un véritable Eros, loin du thanatos global des villes du système.. D'ailleurs, là où en Occident notamment, on peut être tenté à voir l'autre comme une nécessaire moitié à conquérir, le contraire est de mise dans ces communautés au sein desquelles l'autre vient accomplir l'équilibre qu'on a déjà en nous-mêmes. Dans les communautés de vraie vie, même loin du paléolithisme d'équilibre premier, presque aucune depression ni suicide ne sont recensés alors que la tendance est clairement exponentielle dans les sociétés dites « civilisées »..

Les Khasis sont d'ailleurs en bonne partie chrétiens, même s'ils ont intégré des pratiques animistes antérieures à leur croyance. Il va de soi qu'inclure une transcendance supérieure, verticale, et vivre selon l'esprit qui dirige la matière et le corps, et non l'inverse, conduit à vivre concrètement une véritable existence, et je suis convaincu que, même au sein de l'urbanisme moderne occidental ou oriental, ou africain, celui ou celle avec qui il demeure cette transcendance, pourra tout de même vivre un Eros et un Amour véritable, seul et avec l'autre..

L'esprit et la présence directe de l'autre, dans le partage global, doit d'ailleurs occuper une place primordiale et prioritaire au seins des relations, notamment amoureuses. La sexualité est importante, bien sur, mais elle ne doit pas composer l'épicentre d'une relation, car, si tel est le cas, la division solipsiste entrera alors en jeu et la candeur sera brisée, surtout si l'un des deux a moins de ferveur et de véritables valeurs. Le corps a aussi une mémoire, et nous savons que, surtout chez les femmes, que d'avoir accumulé trop de corps conduit à une disparition progressive de l'émerveillement. Les couples les plus durables, bien souvent, sont ceux qui se sont rencontrés réciproquement jeunes.. Mais là aussi la diversité des esprits et des énergies sexuelles fait que ce constat change selon les individus..

Je me souviens d'un ami, pourtant pénétré par la connaissance anticapitaliste et ayant la volonté d'un monde meilleur, mais qui avait été poutant colonisé par le féminisme, au point culminant de nier la différenciation naturelle et essentiellement complémentaire entre l'homme et la femme. Il m'avait lancé un débat sur les femmes qui seraient « à l'origine de révoltes » et qu'elles auraient, selon ses dires, « dans toutes les révolutions elles-mêmes eux davantage de courage que les hommes.. » .

Alors, je me met en opposition par rapport à cela. Dans la plupart des guerres, ce sont les hommes qui sont davantage mobilisés obligatoirement, question de force physique. Dans la guerre Russie- Ukraine, n'y a que des hommes mobilisés au combat, et majoritairement même pendant les grandes révolutions ce sont majoritairement des hommes qui la font, même si les femmes ont souvent été à l'amorce de révoltes et dans des combats. On ne peut nier la naturalité. Sur un terrain de football, de rugby, un contest de skateboard, un ring de boxe ou de MMA, n'est pas mixte.. Une usine de métallurgie lourde, les femmes ont le libre droit d'y aller, mais la plus grande partie des ouvriers sont des hommes. J'ai bossé dans une usine de métallerie soudure, jai vu cela quand il s'agit de travaux lourds très lourds à réaliser. Il ne faut absolument pas que l'humanité se laisse enchainer dans cet endoctrinement post féministe qui fait croire qu'un homme c'est comme une femme, l'indistinction des genres. Je suis contre le Capital mais il existe irrémédiablement aussi une réalité naturelle. Un mec qui dit cela a une femme que les hommes avaient soi disant moins de courage, elle déguerpie de son champs de désir.. Les femmes ont souvent fait preuve de courage, avec les hommes, même au commencement de révoltes.

On le sait bien concernant par exemple la Révolution Française, même si la révolte a été manipulée par la bourgeoisie. Mais globalement, les grandes guerres ou les grands exploits sont conçues et menées par des hommes. Et malgré le barratin féministe à la solde de la consommation capitaliste, les femmes aiment les hommes forts, et j'ai même connu des femmes qui disaient qu'elles veulent des mecs dominants ce qui ne veut pas dire tyran.. Même ce pote que j'ai vu défendre une idée d'égalitarisme féministe ostracisant la masculinité, je l'ai vu dominant avec elle sa femme, en paroles.. pendant une scène de ménage.. Mais lui le faisait insidieusement dans l'humiliation de sa compagne, signe d'une disparition de sa virilité ancienne. La skyzophrénie doublé de la contradiction aliénée composent le cerveau de bien des indvidus de tout âge de nos jours.. Ainsi est la réalité. La grande indistinction amène aussi le grand pouvoir capitaliste qui un jour proposera peut-etre un monde sans naturel, des générations naissant dans des utérus artificiels comme c'est déjà annoncé par des féministes qui veulent abolir la naissance naturelle.. Imaginez, des bébés naissant dans des machines, loin de leur biologie originelle, sans le ressenti de l'amour de sa mère, durant sa croissance.. Quels genres d'individus cela produira ? Certainement, des pré consommateurs totalement lessivés et encore plus soumis..

Peut-on tout de même penser que le Capital, qui sait utiliser la force de l'Homme quand il en a besoin, comme on peut le voir dans les divers travaux salariés nécessitant de la force physique ou dans les guerres actuelles, voudra tout de même conserver des corps et esprit d'hommes encore modérément sauvés, en conservant une naturalité même bafouée.. Bien sur, cela sera de la sorte excepté si le degré de machinisme et de domination sont suffisants à l'exponentialité et l'équilibre de la structure de leur pouvoir. Ils ont totalement compris tout cela ces élites..

La femme féministe, au nom de la fausse égalité promue anciennement par Simone de Bauveoir qui affirmait détester son propre corps, ses seins, etc, donc dénuée d'érotisme, sera probablement le destin des futures femmes si elles ne se réveillent pas et qu'elle ne combattent pas ces ignominies, tout comme les hommes ont le devoir impérieux et absolutiste de refuser et détruire toute idée les amenant à globalement se féminiser et perdre leur masculinité authentique jusqu'à transparaitre sur leur visage et leur corps.. Si le monde évolue dans le sens de la propagande capitaliste, dont le féminisme notamment de deuxième phase historique en est l'allié, les humains de rare conscience verront des hordes d'inhumains d'ici peut-être le prochain siècle.. Leur corps de ces derniers ne sera plus que produit de labeur, de survie, et de mort..

La déshumanisation postmoderne post capitaliste est presque

invisible aux regards des anticapitaliste.. Il y a peu d'esprits qui voient toute la vérité.. Et même un soi disant révolutionnaire anticapitaliste m'a traité de "mysogyne » et réactionnaire", juste car jai exposé une réalité anthropologique vérifiée par également la médecine de terrain. J'aime les vraies femmes, jaime ma mère, jaime les vraies êtres féminins dans leurs véritables qualités de femmes, à l'écoute, rendant la vie facile à leur conjoint, voulant assumer un amour concret et véritable, sans vénalité, et pour construire vraiment, donc je ne suis pas mysogyne. Cela m'exhorte à continuer mon chemin de libre pensée notamment à travers ces écrits.

Un homme vrai est avant tout un homme avec le désir d'aventure, d'indépendance d'esprit, de solitude créative, de partage authentique, et de jouir autant dans sa force physique que spirituelle..

Helas, pour conserver cette valeur de corps et d'esprit masculin, il faut à la fois respecter le substrat premier humain du vrai féminin, accepter sa part de féminité, et valoriser et exprimer sa plus grande part de masculinité primordiale, cet équilibre nécessaire mais qui est très difficile à pleinement réaliser dans cette société.. Une chose essentielle qu'il faut garder en tête, c'est qu'en tant qu'émanation divine, l'homme vrai a le devoir de dire la Vérité du fond de ses trippes, de son cœur, de son âme, et de sa transcendance. Il doit prendre à rebrousse poil totalement les phrases des divers sophistes se trouvant à tous les coins de rues et qui sont passés experts dans le fait de sortir des phrases de leur contexte.

Francis Cousin explique bien que dans la domination capitaliste, et en se fondant précisément sur les chapitres du livre "Le Capital " de Karl Marx, livre éponyme autant chez les communistes que chez des anarchistes aussi, selon le courant, il met précisément en lumière que le capital utilise la main d'oeuvre féminine ainsi que la main d'oeuvre de divers pays, des gens issus de l'immigration, afin de jouer sur les salaires et tirer les salaires vers le bas, et on voit cela encore de nos jours.. C'est la domination capitaliste. Et il a raison quand il exclame que les patrons capitalistes investissent moins dans des boulots à haut rendement, sur les femmes car il sait que si elles tombent enceintes, cela lui fait perdre de l'argent car il sera indispensable de recruter quelqu'un dautre, et trouver des alternatives économiques. C'est une logique du capitalisme bien sûr à combattre. Le féminisme a accompagné les valeurs capitalistes en pronant la mise au travail autant des femmes et des hommes, dans une sorte d'égalitarisme, mais à la solde du système, pour rendre autant les deux, femmes et hommes, esclaves du système, aliénés, avec bas salaire.. J'ai même connu un mec qui m'avait écrit par mail : « dans les boites les femmes sont payées 20% de moins que les hommes"".. Ha bon, jai perso bossé dans divers secteurs, et souvent le contrat de travail ainsi que le bulletin de salaire, à compétences égales, est le même.. Le salaire est issu d'une convention collective, et donc est le même, l'exploitation est la même.. Je n'ai jamais vu, à compétences égales, une femme gagner moins. Quand une structure a des équipes entières de smicards (le Smic composant 70% des contrats de travail de nos jours environ), hommes et femmes sont à même niveau de salaire et de taux horaire et d'exploitation.. Ce dont il parlait de ""20%"" d'écart ne doit toucher que certains secteurs spécifiques. Une femme infirmière gagne le même salaire (plus haut que le smic) qu'un infirmier.. Une femme médecin libéral (pas salarié, mais touchant les mêmes honoraires réglementés) gagnera pareil qu'un médecin libéral homme.. Un manutentionnaire de supermarché gagnera pareil qu'une manutentionnaire femme. Une femme de ménage gagnera pareil en taux horaire qu'un

homme de ménage.. Un serveur d'un resto gagnera pareil qu'une serveuse en taux horaire globalement.. Etc.
Ensuite, ça commence à faire chier d'entendre des arguments de merde et totalement faux de certaines féministes extremistes qui affirment qu'un homme sur 4 est un potentiel violeur ou d'autres chiffre obscurs dont on ne sait d'où ils proviennent. Tout ça pour alimenter la dissension intrinsèque, la division entre hommes et femmes.. Il faut arreter le délire, car si c'était le cas, on aurait presque la moitié de la population en taule. Le chiffre des féminicides est à vérifier, par rapport au nombre d'entrées en prison, et les chiffres réels. C'est comme la propagande covid, le nombre de morts, tout est manipulable par les gouvernements pour leur faire dire ce qu'ils veulent dans la perspective de la domination globale. Bref. Il existe des saloperies perpétrés par certains hommes, bien évidemment comme dans l'esclavage antique, etc , néanmoins ce ne sont pas la majorité des hommes qui sont mauvais.. Tout comme il existe des femmes manipulatrices, qui ruinent des hommes dans des divorces, même chez des familles ouvrières, des injustices causées par des femmes... Croyez-vous que ""la femme", de façon générique, possède l'apanage de la bonté ? Pensez-vous que c'est la bonté d'imposer globalement le concept de ""masculinité toxique"" ? Et après, quand on sait empiriquement qu'une bonne partie de ces femmes féministes sont seules et depressives, sans descendance certes, ou divorcées et en famille « mono-parentale », et finiront seules.. Ok. Quel avenir...Il y a des gens biens et mauvais autant chez les hommes que chez les femmes.. Nous arriverons probablement un jour au sein d'un monde dans lequel les capôts de la bienpensance dicteront aux hommes de ne plus avoir aucune couille, dans l'objectif avéré de l'extermination de la virilité nécessaire à toute révolution réelle.. Car entre le

discours et le réel, l'Histoire tranche rapidement.. Ce qui est marrant, c'est que je croise des femmes vraies qui elles aussi, disent que les féministes ne les représentent pas et les desservent même.. des revendications de façade, toujours dans le système, et davantage de division et financées par les élites.. Tous ces "isthmes" comme je l'avais écris d'ailleurs dans mon ancien livre publié en autoédition, peu vendus certes, sont des pièges.. La vraie humanité devra se libérer de cela, aucun dogme n'est une liberté, tant que cela demeure chapotée par une entité étatique et pour son pouvoir..

Fort heureusement qu'il existe à cette aube d'une nouvelle société, des hommes forts et charismatiques, authentiquement, comme celui de la chaine youtube SC 100 pitié (fréquemment censuré..), ou d'autres hommes de divers milieux afin de promulguer des valeurs éternelles..

L'éternelle vérité ne peut être détruite sauf par les suppôts de l'inversion satanique.. L'éternel retour du concret sera encore et toujours la réalité en mouvement. Hommes et femmes sont complémentaires, ils ne sont pas à s'opposer, et ils doivent accepter communément leurs différences ainsi que leurs points communs dans l'union. Un monde d'indistinction, sans aucune différence, par conséquent avec plus aucun vrai désir ni partage ? C'est ça l'avenir global ? Assurément pas pour les vrais résistants au sein de la vraie humanité. A bas le Capital ! A bas le règne du fric, et à bas l'indistinction et les faux libérateurs du féminisme manipulé, ou des faux prophètes de la fausse égalité au sein de ce système.

Des personnages avaient dénoncé divers mysthicismes de la société moderne capitaliste. Pensons à Guy Debord, dans le situationnisme, qui a écrit le grand livre "Critique de la société du spectable", qui est un grand ouvrage positionnant le système capitaliste globalement et ses mensonges auxquels même des "anti système", en apparence croient tout de même.. Bien des philosophies, avaient évoqué cette fin de civilisation, même le Kali Yuga indien, d'une société ultimement totalitaire dans laquelle il pullulera une inversion des sens et des valeurs.. Ces valeurs naturelles qui existaient même à l'age d'or protohistorique ou dans les communautés de la vraie vie antéhistoriques et antéargent, dans ces communautés où l'aliénation n'existaient que peu, il y a des millénaires... Des ethnologues qui ont étudié les dernières tribus peuvent le dire.. etc. Peu de gens croient enfin en le vrai Dieu, selui sans dogme et seulement avec des règles de naturalité et d'Amour.. Je le sais, mais je souhaite que le divin fasse don de la vérité à tous ceux qui dorment encore dans la matrice lucifiérienne.. C'est une chance sur deux d'aller dans un au-delà lumineux ou obscur, mon ami, d'accéder soit à la lumière soit à l'obscurité. Le karma.. Soit on a été un vrai résistant de l'âme, de l'esprit, et aussi du réel, soit on a été complice de l'inversion et de l'injustice contemplée ou déguisée..

Il est de surcroît radicalement nécessaire d'indiquer une autre facette postmoderne qui détruit la virilité physique de la plupart des hommes, se soumettant à cette mode ; le boxer. Ce slip hyper serré qui compriment les burnes, qui diminue la fertilité des spermatozoides, et qui fait que psychologiquement l'homme est tenu par les couilles par la société.. Dans les temps anciens, les hommes portaient des pantalons larges, avec des slips larges, ou bien même des jupes pour hommes comme chez les ecossais ou les hoplytes grecs de l'antiquité, etc, et la dictature « esthétique » du boxer n'est qu'une apparition postmoderne.. Même nos aieux du XIXème siècle ne vivaient pas un tel préjudice à la bonne tenue de leur principal attribut masculin. J'ai personnellement toujours refusé cette connerie dévirilisante, et certaines femmes m'avaient dit « c'est joli un boxer, pourquoi tu n'en met pas toi ? », je leur avais répondu : « Si tu me dis que je suis davantage viril que bien des hommes que tu as connu, c'est peut-etre en bonne partie parce que je laisser respirer mes couilles avec un caleçon large »... Je porte des caleçons larges, et je met le plus souvent possible un jogging classe ou pantalon chino suffisamment large, parfois un jean mais le moins souvent possible, et je veille donc à conserver en moi l'ancienne tradition des couilles libres.. Voilà ce que devraient faire tous les hommes, et combien je sais se soumetttent à cette putin de mode, avec l'appui des femmes castratrices de l'apogée de la modernité qui aiment avoir plutôt à coté d'elles un homme sans virilité réelle..

Combien l'hommes sont en genuflexion par le biais des chaines omnipotentes de l'apparence bourgeoise dans leur existence, tout en ayant paradoxalement la liberté de les refuser, cependant avec le prix fort à payer d'être socialement moins intégré dans la masse.. Mais quelle belle liberté !

L'équilibre de l'être, en particulier masculin, passera inéluctablement par retrouver la liberté jouissive de la non entrave à être à l'aise avec son corps. Tout comme la plupart des hommes devraient arrêter de se soumettre à la mode généralisé des cheveux courts, car il est avéré que la plupart des hommes des communautés ancestrales, autant chez les gaulois, les celtes, les grecs, les amérindiens, ou même chez les chrétiens médiévaux, avaient les cheveux longs comme les femmes et cela contruibuait à une haute spiritualité masculine. Notre monde moderne est en partie issue d'une romanisation (infrastructures, lois, tribunaux, etc), et la mode des cheveux courts chez les hommes, du « civilisé sur le barbare », est issu en bonne partie de la pensée romaine. Cependant, beaucoup de fratries masculines de l'occident ont la disposition génétique à l'aboutissement d'une alopétie qui ne leur permettent pas, à un âge plus avancé, d'avoir les cheveux longs, même si certains hommes s'en fichent d'avoir un peu de cheveux dégarnis sur le dessus de la tête, tout en conservant les cheveux bien longs sur les cotés. Un phénomène qu'on ne retrouve que peu chez des populations amérindiennes encore existantes, ou chez les asiatiques, ce qui prouve irrémédiablement des différences génétiques chez les divers peuples. La calvitie masculine connait d'ailleurs un essor très particulier chez des sujets plus jeunes dans la postmodernité, et est certainement associée au stress oxydatif, au mode de vie, à des régimes alimentaires pollués de pesticides et engrais chimiques, et à des corps qui ne respirent plus la puissance afin de conserver une chevelure éclatante. Fort heureusement, des schampoings anti chute de cheveux et des lotions spécifiques aident à maintenir une cheveulure forte. Le système sait polluer pour détruire, mais aussi vendre pour reconstruire... Soyons donc également rassurés que des vikings ancestraux vieillissant ont arboré des cranes rasés tout aussi virils.. Un Bruce Willis crâne rasé incarne autant de virilité qu'un Brad Pitt cheveux mi-longs au vent.

L'enchainement à l'impuissance est notamment ancré dans cette société par le biais de l'interdiction de recourir à la loi du Talion conjointement à la volonté naturelle d'accomplir avec son propre corps l'annihilation de l'injustice qui nous a profondément aliénée.. Les pontes des médias télévisés sont friands de ces ondes de soumissions qu'ils nous inculquent dans nos esprits, que nous « ne devons pas faire justice nous-mêmes ». Exemple tragique quand un élève victime d'harcèlement scolaire par des enfants-rois de ce système, gavés d'immondices consommatoires et lessivés par un manque de moralité et d'honneur dont les parents sont eux-mêmes ignorants.., et la réponse qui lui est proposée consiste à changer d'établissement et donc de laisser les agresseurs au sein de l'établissement sans véritable punition. Logiquement, la réponse naturelle serait une raclée modérée à l'ancienne donnée par le père de chaque enfant harceleur, et pourquoi pas que l'élève harcelé accepte sa testostérone d'homme en devenir et décide lui-même de foutre une droite à un des harceleurs afin de montrer la voie du respect.. Dans une logique d'annihilation de la masculinité, la société actuelle punira davantage celui qui se laisse aller à la violence physique, y compris dans un contexte salutaire de sauver sa propre peau.. L'harceleur perfide aura très peu de réprimandes, tandis que l'harcelé recouvrant sa puissance de justice naturelle aura certainement des ennuis judiciaires à l'aube de la troisième decennie du XXIe siècle. Mais mieux vaut encourir un jugement par des injustes, plutôt que de mourir à petit feu..

Lorsque j'étais moi-même collégien, à l'époque où je pratiquais le karaté, je me souviens d'un élève qui s'était maintes fois moqué de moi au sujet de mes cheveux-longs. « Frolic ! Sale chien ! Sale type ! » disait-il, lui qui était colonisé par la pensée moderne que les « cheveux longs pour les hommes c'est sale.. ». Je ne répondis nullement à ses invectives durant plusieurs jours, et ensuite je me rebella face à cette humiliation en lui proclamant un simple : « Dégage connard ! ». Il débarqua promptement au niveau de mon visage, il tenta de mettre une droite que j'esquiva allègrement, et, dans un mouvement de légitime défense, je lui assena deux crochets au menton qui le firent tomber au sol, devant divers camarades.. Et il arrêta par la suite de me harceler.. J'avais imposé un vrai respect, dans la maîtrise, sans aucun acharnement.. Les parents de cette pauvre loque n'avaient pas porté plainte contre moi, sachant sans doute pertinemment que leur enfant avait eu initialement tord, en m'harcelant et en tentant en premier de me frapper, cependant, au paroxysme de l'inversion actuelle des valeurs, en serait-il de même ? Mais de nos jours, au lieu de se battre, des jeunes adolescents ce suicident.. On leur a appris la faiblesse, alors que la vie, tant que l'humanité n'aura pas acquis son ultime sagesse mondiale loin des dominations execrables, est clairement un combat depuis les premieres chasses ou conflits paléolithiques..

Je me souviens également encore, lors d'un ancien petit boulot dans une usine de soudure, où un ouvrier abruti, fréquemment pressé d'avoir accès à une machine cisaille de barres de fer, afin de se soumettre à son patron ordonnateur de rentabilité excessive, un jour qu'il était particulièrement « excédé » par ma « lenteur » selon lui, m'avait poussé contre cette machine d'un geste machinique et irréfléchie.. Je me retrouva le doigt coincé entre deux barres, près d'une lame prête à me trancher un doigt, et je réussi à l'extirper non sans casser la moitié de l'ongle dans une douleur effroyable.. D'un geste de justice immanente, j'attrapa cet ouvrier à la gorge, je le projeta au sol, et je pris une barre de fer gisant au sol afin de le frapper spontanément.. Les ouvriers ainsi que le contremaitre se trouvant à proximité, sautèrent promptement sur moi et, fort « heureusement » pour leur consensus, selon la morale bourgeoise, m'empecha d'infliger une correction à cet ouvrier.. Ensuite, celui-ci s'excusa, et il arreta de vouloir me presser d'utiliser rapidement la machine.. Il savait ce qu'il pouvait encourir de ne pas me respecter.. Que se serait-il passer si j'avais laissé davantage courir ? N'aurais-je pas fini stressé et délabré mentalement, et n'aurais-je pas fini dans un accident par mégarde à cause de cet énergumène ?.. Ce dominé qui voulait reproduire la chaine du mal en dominant lui-même, pitrement, sans virilité..

J'ai agis en homme en faisant une demonstration de pure virilité à ce clown, moche par ailleurs.. Pour beaucoup de gens, leur

physique est le reflet de leur âme..
Bien d'autres exemples de ma vie personnelle, que Dieu a certainement voulu, m'ont permis de forger cette force de caractère d'ailleurs nécessaire à ma créativité. Le corps et l'esprit sont intimement et éternellement liés, on ne peut être fort que si on agit avec force et justesse. Ce corps et cet esprit, et cette âme, éminemment respectés dans les temps anciens, en lien avec la vraie beauté, et qu'à l'époque actuelle peu de femmes veulent auprès d'elles durablement, la majorité des femelles humaines préférant demeurer dans l'inversion de leur naturalité avec des gugusses ne ressemblant qu'à des pitres, et corvéables à souhait pouvus qu'ils aient la mentalité d'esclave prêt à ramper pour des moyens financiers et un faux destin sans aventure.. Elles veulent le week end à la montagne bien lisse, le fréquent restaurant, les gadgets inutiles, toute la loghorrée de consommation aliénatoire, et n'apprécient même plus profondément l'amour au coin d'une brise ni même un pique-nique dans la clairière d'à coté.. D'ailleurs, on les voit ces gros ventres faire la queue pendant des dizaines de minutes, dans leur bagnole, au drive du fast-food, et ensuite ils achètent quelques produits bio dans la semaine pour se donner bonne conscience..
La recherche de l'équilibre de l'être traverse le sentier du soin du corps afin d'exalter la beauté divine, en outre d'être ni obèse, ni trop maigre, ne pas bouffer très régulièrement des sucreries, des chips, ou boire excessivement des breuvages remplissant le ventre sans activité physique permettant d'éliminer ces excès. Il ne s'agit pas d'obéir au slogan publicitaire du « manger, bouger » comme un vulgaire moine soldat, mais d'agir plutôt spontanément et spirituellement dans le but de ressentir cet équilibre du corps et de l'esprit. La vie doit être un subtil équilibre entre la pleine expression des passions et la volonté

de ne sombrer dans aucune destruction de soi, tout en acceptant la possibilité prochaine de la mort mais sans la désirer.. En cela, la catharsis trop répandue au sein des masses actuelles, bouffant de la merde, ne cuisinant que peu, ne faisant presque plus l'amour réellement, se gavant de virtuel, et arborant des faux sourires au travail, ne saurait trouver grâce chez des humains qui ont encore cette foi inébranlable en la puissance de vie. Les situations rocambolesques, quoique loufoques et faisant l'objet de comédies dramatiques à la TV, ne sauraient être acceptés comme base de l'existence par un être vrai et entier..

Une tare dans le comportement humain de la modernité se résume en un mot ; la politesse. Pas la gratitude basique du « merci », mais plutôt toutes ces simagrées inutiles et envahissantes qui entachent et abolissent les spontanéités ancestrales : « Bonjour madame, Monsieur », « comment allez-vous ? », « je vous souhaite une bonne journée », « désirez-vous cela.. », etc etc. Je plains très sincèrement toutes ces caissières de supermarchés qui s'aliènent de politesse avec les dizaines de clients que chacune voient chaque jour.. Et dire que le cerveau humain est encore préhistoriquement conçu pour reconnaître environ maximum 200 individus dans toute sa vie..

Ces expressions si singulièrement liée à la pensée bourgeoise, qui a colonisée toutes les strates de la société, parallèlement à la dictature du vouvoiement, engendrent des regards plissés et des sourires forcés sur l'ensemble de la planète.. Vous le remarquerez si vous attardez votre regard sur les expressions faciales.. Le vouvoiement n'étant d'ailleurs pas naturel, et même dans des sociétés d'Ancien Régime déjà aliénée le tutoiement était globalement la norme instinctive. En somme, le rustre paysan tutoyait le rustre chevalier ou même le rustre roi.. Alors que la modernité ne permet le tutoiement direct qu'en famille (généralement grandement aliénée), ou avec des nouveaux amis, ou avec des collègues de boulot situés à peu près à la même échelle sociale.. Ayez l'audace de tutoyer l'employeur spontanément à un entretien d'embauche, vous serez rabroué dans la minute qui suit.

Toutes ces aliénations transforment le comportement du corps, et donc modifient le corps lui-même et son esprit, car les deux sont liés. Seuls des esprits puissants peuvent résister à de telles pressions et blasphèmes qui sont quotidiennement perpétrés sur le genre homo sapiens. Le vouvoiement est une instigation à penser l'autre insidieusement comme un éternel étranger, et même quand on finit par le tutoyer, il demeure étranger. C'est là une large division.. La plupart des individus étant à la fois étranger à eux-mêmes et face aux autres, engendrant une difformité des comportements inhérents à la naturalité divine.

Le corps est ontologiquement plus puissant, au moins beaucoup plus résistant, chez l'être qui croit profondément en Dieu dans une perspective de combat existenciel quotidien contre ladversaire du Bien nommé Satan.. Dieu, je le sais, protège celui ou celle qui croit en lui, et qui voue une grande part de son existence à servir la loi universelle de l'éthique divine. Personnellement, mon propre corps a subi de nombreux chocs ; d'une chute dès le landeau à cause d'une négligence de ma sœur, à des coups durant mon enfance par mon propre frère, à des coups durant des bagarres pendant l'adolescence, à des chocs pendant des travaux dans le secteur de la métallerie, et de nombreuses chutes violentes en skateboard, etc, et je n'ai jamais eu un seul os cassé. J'ai connu des foulures, des hématomes, des tendons atteints sans trop grande gravité, et autres contusions qui ont pu me mettre sur le carreau pendant quelques semaines, toutefois sans grande gravité menant à des immobilisations très longues, opérations, ou autres graves séquelles. Beaucoup d'athées diront que « j'ai eu de la chance », ou certes « j'ai une génétique forte ».. A contrario de leurs arguments, je leur répondrai que je sais que le divin Dieu m'a protégé, il m'a permis de vivre des aventures et événements dangereux, tout en ayant répondu à mes prières de protections et de volonté de puissance de corps et d'esprit. Dieu sait aussi que je prie souvent pour mes rares vrais proches (ma mère, mon neveu, et quelques rares authentiques amis) ainsi que pour mon chien.

Il faut dire que je m'entretiens par des étirements réguliers, des automassages avec des pommades naturelles aux huiles essentielles, et que je veille très régulièrement à manger une alimentation riche en curcuma, ail, gingembre, thym, et autres substances naturelles vantées pour leur pouvoir de fortification du corps.

Le corps ne doit pas être élevé au rang d'idolâtrie, mais il constitue le temple de notre essence divine dont nous devons prendre soin. Il est globalement harmonieux et beau, et l'érotisme qui s'en dégage n'est pas à renier. Je suis d'ailleurs opposition avec les rigoristes de toute religion qui font croire que « la chair est un péché », car si cela était vrai Dieu n'aurait jamais créé une telle beauté..

Là aussi l'être vrai doit trouver l'équilibre, comme je l'ai mainte fois écris : ni décadence ni abstinence..

L'être d'équilibre désire s'imbriquer lui-même dans l'altérité la plus profonde avec le règne du vivant et les autres humains. Jamais un être d'équilibre ne reniera un ami pour qui il a dit qu'il est un « frère », jamais il ne se moquera d'un ami en détresse ou en difficulté quelconque, et il aidera celui-ci du mieux qu'il le pourra. Jamais un être d'équilibre ne cherchera à écraser d'autres êtres, bien au contraire il tracera les voies de la concorde et de l'entraide ayant donné lieu à l'humanité de vivre dès ses origines.

Un être d'équilibre saura même s'opposer du haut de son charisme physique et spirituel face à n'importe qui menacerait son intégrité ou son honneur.. J'ai personnellement déjà réussi, sans violence physique, juste par la parole vraie, appuyée par le regard droit et avec Dieu comme appui, à faire réfléchir des flics sur leurs comportements et inféodations à l'ordre injuste qui leur dicte des taches ingrates et iniques. J'avais presque senti que ces bougres, après m'avoir écouté calmement, voulaient démissionner de leurs postes ou s'en faire licencier.. Est-ce qu'un gilet jaune qui a cassé des vitrines de petits commerçants ou autres déboires débiles, a réussi à faire bouger l'esprit des bras armés des élites sataniques ? Assurément non pour la plupart d'entre-eux.

Dans la nuée ardente et suffocante du système, même un individu très fort, qui a résisté à diverses épreuves, qui a anéanti des injustices,qui a brandi la Lumière du divin, peut être victime de crises de spasmophilie. Le stress qui résulte d'une forme de colère peut avoir été inconsciemment intériorisé par l'esprit et intégré dans la mémoire biologique du corps. A un certain âge, l'homme ou la femme a des picotements dans les bras, les jambes, une sensation de blocage dans la gorge, et de la difficulté à respirer par crise, par phase.. Cela se dissipe grâce à de la respiration consciente, des exercices spontanés de méditation, et par le fait d'accepter un tel événement, et de se calmer, ne pas paniquer.. Des plantes apaisantes comme l'aubépine, ou la valériane, en tisane, ou en cachets naturels, peuvent aider simultanément à des massages des poignets et du plexus solaire avec de l'huile essentielle de petit grain bigaradier ou de lavande. Ces nœuds intérieurs qui ressortent, surtout chez un Homme, peuvent être associés à la longue frustration d'avoir été privé de la nécessité naturelle de détruire des individus mauvais qui lui ont fait du mal.. La Loi de la société notamment moderne protège les gentils et les méchants (surtout les méchants insidieux), alors que dans des communautés saines les individus globalement sains éliminaient les gens toxiques qui avaient fréquemment d'ailleurs comme objectif de diviser la tribu.. La solution : l'Amour . L'amour réciproque et authentique avec l'âme-soeur qui est le plus immense trésor qui puisse exister, et/ou bien le combat annilateur du mal, quel qu'en soit la conséquence..

Si la plupart des gens ne se soumettaient pas à ces merdes de lois qui au final, produisent le rentrer en soi destructeur, et non le sortir de soi salvateur, alors nous vivrions enfin dans les communautés de vie supérieures de la vraie existence.

Il faut noter que les individus rares, qui sont pleinement eux-mêmes, et connectés avec le divin, tout en étant en recherche de connexion sincère et réelles avec d'autres rares êtres, sont aussi ceux et celles qui sont hypersensibles aux énergies environnantes, à l'énergie positive ou négative qui émane des autres êtres autour d'eux.. Selon le degré de force intérieure, et de réactivité, il peut donc en résulter des ressentis physiques. Le corps est directement lié à l'extérieur et à l'intérieur.

Le corps doit être vivifié et honoré, il doit être érotique, sans être idolâtré. Le corps, en soi, est très important, et il ne doit pas être bafoué. Il doit être une prolongation de l'Amour, et tous, nous savons, que l'image de l'Archange Michel, écrasant le serpent avec son pied, et tenant fermement l'épée qui va terrasser ainsi le mal, est un exceptionnel acte d'Amour. Hommes, et femmes, si l'injustice totale vous touche, agissez tel un ange, vous m'avez compris.. Si cela était la règle innée et naturelle et indomptable qui régirait la Terre, personne n'aurait accepté aucune toxicité, ni démon incarné sur terre, ni aucun gouvernement, symbole de la tyrannie.. Si chacun était prêt à mourir pour le Bien et la Vérité, aucun mensonge ni injustice n'existerait.. Outre ces vérités, que beaucoup qualifieront d'extrapolations, l'homme sage et authentique sait qu'aucun acte perpétré sous l'égide d'une idéologie, d'une religion, ou de gourou en tout genre, n'est légitime pour le corps et l'esprit. En ce sens, il est absolument détestable d'entendre des gens disposer d'un raisonnement visant à attribuer une personnification à des végétaux ou même des animaux. Il faut respecter le vivant, c'est inné chez nos plus lointains ancêtres, néanmoins de voir des gens se soucier davantage du « possible cri de la carotte » lorsqu'elle est cueillie (alors qu'elle ne dispose d'aucune âme spécifique ou de cortex cérébral) et savoir que ces mêmes abrutis ensuite se comportent de manière toxique avec divers congénères humains, c'est avoir en face de soi un exemple flagrant et grotesque de la perte de véritable sensibilité de l'individu postmoderne.. Quel est leur projet ? Une future trans-humanité, dans deux siècles, qui ne bouffera que des pilules sans plus aucune agriculture même biologique, et ayant à moitié fusionnée avec les machines en mode cyborg ? ..

Nous savons presque tous que les végétaux ont des sensations, des réactions, mais l'arbre fruitier souffre t-il quand il offre son fruit ? Sa pomme, sa poire, ou que le mûrier offre ses mûres, là aussi des distinctions sont à faire, il offre son fruit pour notre subsistance, comme l'animal herbivore (volontairement ou involontairement) offre sa vie à l'animal carnivore, et même si nous savons que les arbres communiquent entre eux, qu'ils ont une capacité d'adaptation extraordinaire aux circonstances naturelles ou anthropiques, il n'en demeure pas moins qu'ils sont statiques et représentent là encore la linéarité cyclique de la nature, dont nos maîtres esclavagistes s'en inspirent afin de faire de leurs esclaves déshumanisés des futurs robots dépourvus de libre arbitre, et agissant eux même de façon cyclique dans la reproduction naturalisé du Nouvel ordre mondial. Un être qui succombe d'ailleurs pratiquement à un reformatage de son instinct, à tous les vices, ou à tous les comportements pernicieux et délétères vis à vis de ses semblables (sans aucune remise en question même après des années après ses méfaits), est déjà un tel être complètement déséquilibré mais recalibré dans le seul but de correspondre à la Matrice.. Je vous le dis, à bas tous les terrorismes organisés, comme à bas les gouvernements agissant en sauveur déguisé alors qu'ils organisent insidieusement toutes ces atrocités.

L'être humain, dans l'équilibre de sa propre substance, est facisné par la nature uniquement dans la contemplation de ses couleurs et de la perfection linéaire de l'esprit créateur qui se trouve à sa genèse, mais en aucun cas il ne peut en faire le centre de son épanouissement. La nature étant même la base de toute corruption future et de la violence intrinsèque à l'émergence des dominations. Le corps d'un lion mâle puissant, est aussi ce corps qui peut tuer des lionceaux d'une femelle afin d'avoir plus rapidement accès à elle. Donc, veillons à ne pas humaniser la nature.. Une humanité digne de la plus belle des utopies de l'Atlantide saura veiller au maintien de l'équilibre entre nos origines naturelles à pérenniser, et le rejet de tout ce qui existait déjà en graine de négativité en contexte naturel.

Par delà toutes les tromperies des idéologies modernes, il existe un hiatus dans lequel la plupart des hommes ne parviennent à s'extirper. L'instinct naturel d'avoir régulièrement des relations sexuelles, ce qui était la base de l'être humain masculin au sein de communautés avec de vraies femmes ouvertes et elles-mêmes enclines à satisfaire leurs besoins naturels. Or, dans la société actuelle de l'inversion, de la frustration, des divisions, et de l'éloignement face à la naturalité, l'homme de la cité aliénée est soumis à la vision quotidienne de femmes de plus en plus athlétiques, soignées par des maquillages, galbées par les salles de sports à coups de squats, portant des jeans ou jupes spéciales hyper moulantes, faisant ressortir généreusement leurs fesses, mais ces dernières n'accordent leurs faveurs régulières qu'à de rares hommes qu'elles ont souvent sélectionné, soit pour une stabilité financière, soit pour un moment épisodique de plaisirs.. Beaucoup d'hommes sont ainsi mis sur la touche de la satisfaction sexuelle durable, et donc de la primordialité de la pénétration, qui est pourtant une des caractéristique de la puissance d'être.. L'accumulation de corps de femmes n'est pas le but en soi d'un homme, toutefois le simple fait de trouver son alter égo, son « âme-soeur », le corps et l'esprit féminin qui s'accorde en tout point, de façon inaltérable par le temps et par les événements, avec le corps masculin, est devenu presque une utopie, alors que ceci était très fréquent jadis. De nos jours, Une des plus grandes jouissances de l'existence est devenue un scénario implicitement liée à un sentiment de nostalgie, visible uniquement dans des séries TV ou films pour la plupart des humains.. Soyons certains qu'il vaut mieux encore pratiquer un libertinage occasionnel, et tenter sa chance à « draguer » et cumuler de nombreuses relations, comme l'aurait dit Alain Soral, en espérant trouver enfin la bonne personne, plutôt que demeurer dans la solitude devant de la consommation perpétuelle et destructrice de l'unique branlette devant des films pornos ou des rêveries encore plus frustrantes et étriquantes pour le corps et l'esprit. La drague est néanmoins désormais désuète, car pour plaire à une femme, il faut discuter tranquillement, naturellement, et lui faire comprendre ensuite qu'elle plaît et lui dire afin de pouvoir l'embrasser et passer à l'étape supérieure si elle désire cela aussi dans la foulée.

Force est de constater, même si ce n'est pas la solution dans l'objectif de façonner un nouveau monde désaliéné, que dans les pays où la prostitution est légale et accessible financièrement, dans notamment dans maisons closes, il existe moins de frustration et de problèmes psycho-sexuels chez une grande frange de la population masculine car ils peuvent accomplir au moins la base de leurs besoin sexuels, à l'excepté de la vraie relation d'amour.. Et nous savons également que bon nombre de couples modernes, dans lesquels la femme féministe en arrive en refuser même tout rapport sexuel avec son homme, au bout d'un certains temps -prouvant ainsi qu'elle ne l'a jamais aimé et qu'elle était là que par intérêt - bien des hommes en arrivent à passer un moment avec une pute , étant profondément lassé de se branler en solitaire sans toucher ni sentir un autre corps..

La solution consiste en le rétablissement de la profondeur ontologique de l'âme et du corps, dans une effervescence érotique collective entre hommes et femmes, de renoncer à l'aliénation capitaliste et mondaine de la saloperie satanique insidieuse, ainsi que détruire les fausses écologies du système, qui vantent pratiquement l'érémitisme dans la nature au lieu de vivre la vraie altérité naturelle au sein d'espaces enfin libres !

Cela ne date pas d'y hier, cette séparation de l'unification du masculin et du féminin, puisque déjà dans les système civilisés antiques, esclavagistes, le corps de l'homme et de la femme vivotaient dans des aliénations communes..., et l'érotisme vraie de la concordance suprême et simple à la fois a donc existé épisodiquement chez quelques individus déjà dans ces systèmes, à contrario grandement antérieurement dans les communautés anté-étatiques de la préhistoire, par contre, dans l'apogée de l'armada capitaliste actuelle, l'être de paix intérieure et brandissant une puissante énergie érotique et de combat contre le mal, en quête et en devenir de vivre la véritable altérité avec l'autre, est devenu un ratio certainement d'un individu sur 10000 individus.. La vaste majorité des êtres actuels étant dans l'ignorance de ce qu'est le ressenti authentique de leur propre corp et de leurs propres sentiments.. Le masque qu'ils portent à l'extérieur de leur logis n'y change rien..

Ces masques qui constituent désormais leur propre prison intériorisé, n'osant même plus aller authentiquement en direction de l'autre, se meurtrissant quotidiennement par des soupirs blasés, rechignant à combattre la fausseté, aboutissant dans une marche très lente et tassée dans le bagne mental et physique de leur propre corps qui, pour beaucoup, n'arrive même plus à jouir dans la chaleur érotique et humaine. Ils sont surveillés et punis constamment, même sans acte officiel, à l'instar d'une prolongation postmoderne du concept de « Surveiller et punir » de Michel Foucault, et comment peuvent-ils encore aimer, aimer l'esprit mais aussi le corps de l'autre, dans la poignée de main, dans l'enlacement fraternel, ou dans l'acte érotique vrai, alors que tous ces êtres en phase de déshumanisation totale -dissimulée par d'innombrables artifices consommatoires et la peur en lien avec l'accroissement de la simple survie – ne s'aiment pas eux-mêmes.. Pas s'aimer narcissiquement, mais s'aimer comme le divin créateur nous a aimé, je l'espère, avant de laisser la liberté globale collective et individuelle à l'être humain de s'accomplir ou de périr piètrement. Le corps est, quand on néglige les aspects triviaux d'hygiène et de souffrance, cette offrande éternelle et périssable de beauté et de jouissance qui fait de nous tous des sujets de puissance et d'émerveillement. Le précepte supérieur se résume à ni d'idolâtrie de celui-ci ni de négligence, et l'âme et le devoir d'honneur constitueront toujours l'ultime quête des vrais hommes, y compris jusqu'à l'anéantissement de leur propre corps, en vue d'une cause ou d'un combat nécessaire. Toutefois, le corps est notre temple divin..

Chapitre 3 : L'être et le conflit

C'est par ce conflit que l'homme a pénétré les voies de la connaissance, en particulier technique..
Des premiers chasseurs-cueilleurs, pour subvenir aux besoins alimentaires d'eux-mêmes et de leurs communautés, qui ont dû mettre en place les sous-bassement de l'ingénierie de la violence en construisant notamment les premières armes de chasse afin de tuer des animaux.. Les plus optimistes diront que ces premiers humains respectaient ces animaux, ils ne les avaient pas encore asservi par l'élevage, et même certaines communautés remerciaient l'esprit de l'animal après l'avoir tué pour le déguster.. Même si en ces époques très lointaines les ressources de cueillette de végétaux n'étaient pas suffisantes à combler les besoins en protéines et autres nutriments présents dans la viande, et donc que l'humain était pour ainsi dire obligé de tuer des animaux pour que son corps puisse exister, n'y avait-il donc pas un déterminisme primordial le façonnant à la violence globale ?! Le grand Créateur a t-il voulu tout cela ? Est-ce de la dimension d'un autre démiurge ?
Ce conflit nécessaire à sa subsistance première, cet homme pouvait-il l'éviter ? Sûrement que non. Selon les zones géographiques, notre connaissance actuelle empirique nous apprend que des tribus paléolithiques s'affrontaient sporadiquement déjà avec des armes (flèches, bifaces, etc).. Alors que l'Amour régnait dans des communautés entre hommes et femmes, ces mêmes hommes pouvaient être confrontés au choix de tuer certains humains vivant dans d'autres communautés.. Aurait-il pu l'éviter ensuite au Néolithique ? Enfin l'homme, en se sédentarisant, par l'élevage

et l'agriculture, en parallèle de la cueillette, connaît un essor démographique plus important, des ressources plus diversifiées en nourriture dans ces communautés agricoles, mais il stocke, et commence à faire émerger l'économie, des outils certes plus performants, les échanges, les trocs se transformant en pré-argent, et fait donc émerger les chefferies, des armes plus efficaces, et le pouvoir oppressif.. Qui dit pouvoir, dit volonté de domination, de conquête, de concurrence, et éclatement de guerres.. Pouvons-nous nous accorder à imaginer que des communautés encore paléolithiques ont pu tenter de résister face à ces néolithiques qui ont façonné les prémisses des futures civilisations à la fois séductrices par leurs œuvres monumentales mais tellement pourvoyeuses de sang..
Verser les sang ! Voilà la première corruption de l'humanité, j'en suis convaincu, même si cela était nécessaire pour vivre... L'humain, afin éviter d'aboutir au Nouvel ordre mondial d'aujourd'hui, dans la plus terrible des contraintes d'asservissement à la fois de la plupart des animaux et des humains eux-mêmes par eux-mêmes, esclaves salariés ou patrons véreux au service du système des satanistes, aurait dû mettre en œuvre les bases spirituelles l'extirpant de toute inféodation au conflit.. Tous ces gens, anciennement, auraient dû dès que possible trouver des solutions afin d'éviter de verser le sang pour leur propre subsistance ; peut-être limiter leur consommation de viande, en mangeant uniquement des protéines contenues dans les œufs de poules, ou manger plutôt des poissons, des crustacés, ou même un peu de fromage fabriqué avec du lait d'animaux élevés sans les tuer.. Car consommer ces protéines là a une toute autre signification. Effectivement, les œufs ne sont pas des animaux nés, il n'y a pas de sang à verser, il en va similairement avec le poisson qui certes meurt rapidement étouffés après être sorti de l'eau, et le

fromage est issu d'un lait maternel animal dont l'animal n'est pas inexorablement tué.

Et l'acte de violence primaire et corrupteur de tuer avec la main, avec l'arme, avec presque un plaisir pervers de léger sourire machiavélique, est évacué dans ces contextes là. Le premier conflit interne de l'humain est celui avec lui-même d'exister sans enlever la vie à tout autre être. Car notamment asservir, élever, faire saigner des animaux, même pour manger, constitua certainement la première forme d'esclavage, qui a conduit ensuite à l'esclavage de l'homme par l'homme, de la femme par l'homme, conduisant à la vengeance d'un bon nombre de ces femmes sur d'autres hommes, et d'encore plus de destructions de la nature en son sein.. L'homo sapiens n'est pas un animal purement carnivore agissant par uniquement instinct de survie, il a le choix social et conscient de sa propre conscience dans l'agissement..

Tous les conflits historiques ultérieurs à la Préhistoire ancienne, de pays contre pays, d'humains contre humains, ne trouvent-ils par leurs origines concrètement dans le premier conflit interne, psychologique, de l'humain, création liminaire d'Amour par excellence dans son âme, qui a pourtant dû succombé à la nécessité physique de tuer pour se nourrir dans sa primordialité ?..

Dans la civilisation notamment capitaliste et moderne, le conflit ancestral a tellement fait son chemin dans l'esprit de la plupart des humains qu'il a été intériorisé comme facette faussement essentielle à la vie elle-même. Des formes de résistances à ce conflit destructeur ont pourtant existé. Le christianisme premier valorisait la paix, l'amour du prochain, en la personne du Christ, la sérénité, refuser et combattre le mal avec l'Amour, et être un être de vérité et de grandeur en lien avec la sacralité de notre existence. D'autres formes de croyances ont tenté vainement de conserver globalement des restes de force d'esprit guidée par l'Amour, par la paix, la non recherche du conflit, comme par exemple chez les bouddhistes. Toutefois, des extrêmes de certaines de ces pensées ont conduit certains humains à s'exiler dans l'érémitisme obscur reniant notre sens premier d'Amour partagé et de communion avec l'autre. L'humain conscient doit détruire son passé, il doit dépasser le mal que lui ont fait tous ces humains en recherche de conflit, il ne doit pas reproduire ce conflit, et il doit considérer le vrai Amour quand il le rencontre, considérer en outre son propre désir mêlé à celui de l'autre, et vouloir le montrer fort et puissant comme exemple vrai devant l'immensité cosmique.

L'humain éveillé d'aujourd'hui et de demain a ce devoir de dépasser ce conflit destructeur.. On existe véritablement en tant qu'être de vérité, d'empathie, d'Amour partagé et durable, et de force orientée vers le regard et l'enlacement érotique qui induit, avec élargissement, le respect et le grandissement de notre être notamment avec notre âme-sœur. L'humain qui manque à cet éveil choisira lui le profit, l'écrasement direct ou indirect de l'autre, le mensonge, l'asservissement de l'âme et du corps de l'autre. Deux forces s'affrontent ! Le conflit dépassé menant à son annihilation, et donc au choix de la paix intérieure avec soi-même et avec les autres, contre le conflit recherché pour la fausse jouissance d'esclave.. Il n'y a que l'Amour divin enraciné dans l'être en recherche d'équilibre et de partage de corps et d'esprit, ancré dans le dépassement de tout le passé universel, qui accède ou accédera à la plus puissante des pensées d'émerveillement ; la Lumière de force extatique infinie.

Pour faire cela, il n'y a pas d'autre choix que d'Exister ! Exister, sans se laisser submerger par ceux et celles qui n'existent pas.. C'est presque un choix égoïste qu'il faut réaliser, mais un choix

égoiste conséquemment à ce monde de conflit qui veut nous amener dans le gouffre de l'abîme qu'évoquait magnifiquement Nietzsche : « *Quand on lutte contre des monstres, il faut prendre garde de ne pas devenir monstre soi-même. Si tu regarde longtemps dans l'abîme, l'abîme regarde aussi en toi* ».. L'être d'équilibre doit accomplir la tache noble consistant à rejeter tout conflit durable qu'il sait ne pouvant aboutir à aucun compromis ni aucun aboutissement vertueux en raison de personnes trop obscures se trouvant face à lui, et donc de n'entrer que dans des conflits ayant pour possibilité d'amener à un consensus de Vérité et de Bien vécu, compris, partagé, et magnifié dans la part d'égo nécessaire à la véritable individualité ainsi qu'à l'élévation de l'âme et à la communion des cœurs. Ce choix « égoïste » pourtant nécessaire pour exister, mais un choix fait aussi pour les autres, ceux et celles qui veulent également exister dans le vrai partage. S'il s'agit d'un conflit collectif, il peut toutefois y entrer afin de tenter de sauver quelques rares êtres encore bienveillants au milieu des griffes des autres..
L'équilibre d'existence suprême, indubitablement supérieur à la médiocrité, sort de la pensée machinique des êtres vidés de toute substance de joie et d'émerveillement. Le machinisme de reproduction du mal, ou quand un être sait qu'il traite une autre personne avec irrespect, avec dédain, avec vengeance déguisée consciente ou inconsciente par rapport à un passé ou un irrépressible présent lui échappant, avec volonté d'asservissement sur l'autre, où quand il se voit lui-même à la 3ème personne du singulier observatrice de sa propre scène de terreur.., mais qui pourtant continue cet acte de bafouement de la joie innée de notre innocence première physique et trans-historique.. Voilà la définition de l'accomplissement du conflit individuel menant au mal, qu'il faut annihiler, éradiquer de la

surface de la terre pour jamais.

En Vérité, le vrai être, le plus puissant qui soit, est l'Homme qui réagit avec puissance face à un tel déni ou bien avec un tel impressionnant stoïcisme qu'il en devient à ne même plus être un humain comme les autres.. Il dépasse largement les émotions, donc il existe comme sujet d'émerveillement à l'immensité de l'univers et non plus comme sujet laborantin à l'aliénation de l'autre.. Réagir au conflit intérieur de l'autre, réagir au rejet est déjà une grande perte de soi pour celui qui possède la conscience de sa propre réactivité sensible, oui nous le savons, mais n'est-ce pas aussi très humain, ou trop humain comme l'aurait d'ailleurs Nietzsche ?... Comment ne pas réagir même violemment, quand on existe comme Homme de Force transcendantale, face à tel ou tel individu qui, même succinctement, même très brièvement, vous rejette ou vous met de coté, ou dit remettre en cause votre relation d'Amour ou d'amitié, pour des détails d'existence d'ordre chronométrique ou de tache matérialiste de table ou de lavabo mal lavé .. Un Amour puissant et grandement véritable ne dépasse t-il pas ces basses œuvres matérielles ou temporelles afin de ne vouloir justement plus aucun conflit ? Ni même d'en provoquer en premier l'amorce ? L'Amour le plus vrai n'est-il pas justement et indéfectiblement plus haut que l'égo intérieur qui a trop souffert d'un passé de soumission à un ou des monstres et et ne veut donc pas reproduire cette aliénation à l'envers sur l'autre ?

En Vérité, les plus grandes injustice ne sont pas commises par des élites sur leurs peuples esclaves, mais par des êtres aliénés de ces peuples sur d'autres êtres innocents dans l'âme et réactifs dans la vérité de non transformation du véritable être qui veut que de la joie et non pas de conflit.. Soyez certain que Dieu voit tout, et que la grande Balance égyptienne ou post-chrétienne, ou de karma hindouiste, existe aussi sûrement, car il serait trop facile de s'en tirer sans retour de bâton.. Beaucoup de gens agissent à l'égard de leurs semblables en humanité pourtant comme des monstres ou démons, ils imposent des conflits tout en entrant dans l'inversion accusatoire, en faisant croire que l'autre est à l'origine du conflit, en propageant des fausses rumeurs afin de se légitimer envers un entourage, et font émerger donc une ostracisation totalement injuste de l'autre.

Le cas des végans est d'ailleurs très significatif. Un nombre considérable d'entre eux ont pris pour habitude de traiter « mangeurs de cadavres » ou de « criminels envers les animaux », ceux et celles qui sont encore omnivores. Ont-ils suffisamment de connaissances pour savoir que 99% de la chronologie de l'humanité a été fondé sur la chasse et la viande comme apport protéiniques et vitaminiques suffisant, avec comme complément la cueillette. Ultérieurement, après le Néolithique, la viande occupa une large part de l'alimentation par le biais de l'élevage. Alors oui, nous sommes tous d'accord pour retrouver des élevages respectant les animaux, loin de l'industrialisme, mais doit-on rompre, presque dans une logique transhumaniste, avec notre substrat humain ?.. Il est affligeant de croiser aussi des non mangeurs de viande qui, certes, ont de l'empathie presque pathologique pour le règne animal, mais ensuite sont de vrais connards ou salopes avec d'autres êtres humains.. Ils arborent l'étendant de l'être lumineux, « respectant la vie », cela dit cette masse exponentielle de végans ou végétariens scrupuleux presque à outrance n'hésitent pas à être eux-mêmes des égoïstes, des profiteurs, des adeptes de la division, et des gens qui n'ont aucun scrupule à éjecter de leur vie d'autres êtres humains, après les avoir utilisé pendant un certain temps.. Il y a des gens biens ou mauvais partout, autant chez des mangeurs de viande

que chez des végans ou végétaliens, ou flexitariens ou peu importe la dénomination du sigle dont sont là friands tous les aliénés..
Chaque jour est une épreuve supplémentaire dans le choix de la Lumière ou de l'Obscurité, dans ce choix de vibrer en lumière d'éternité sans dogme ni montre, sans plus aucun asservissement direct ou indirect, ni fausse affirmation, ou bien de malencontreusement prolonger l'aliénation du monde.. Ho combien d'humains, même en apparence les plus vertueux, j'ai vu sombrer dans le deuxième choix, combien j'en ai vu prolonger leur propre supplice de fausse réactivité et sentiment de bouc émissaire et s'enfermer encore et encore dans le rôle de victime, alors qu'ils ou elles ne sont que les victimes d'eux-mêmes.. Encore faudrait-il qu'ils aiment autant qu'ils sont aimés, et qu'ils parviennent à dépasser le conflit intériorisé et manipulé du Monde civilisé.. Pire encore, ils se pensent donc éternellement victimes, et deviennent bourreaux en prenant à leur tour une victime expiatoire au sens symbolique, dans la bassesse la plus totale, en fomentant même tout un groupe d'individus perdus contre enfin cette véritable victime.. Que c'est risible de constater que ce sont toujours les initiateurs de conflits et de divisions qui ont la froide audace d'affirmer n'avoir aucune faute. On les reconnaît d'ailleurs au simple fait qu'ils ne s'excusent jamais de quoi que ce soit.. Il est essentiel d'exister en tant qu'authentique être lumineux, engagé dans une impassible quête de vérité constante, dans cette modernité corruptrice, afin de mettre face à eux-mêmes tous ces hommes féminisés bien plus terribles et manipulateurs que des femmes masculinisés, et bien évidemment ne pas se voir comme victime mais comme le chevalier blanc qui terrasse l'hypocrisie et la bassesse afin de s'élever soi-même et pour élever les quelques âmes qui auront le courage de s'allier à lui.. Les

derniers chevaliers de la Lumière et de Force vraie, dans ce Kali Yuga globalement dégueulasse, sont les seuls hommes à pouvoir amener un puissant élan d'humanité à cette époque en perdition prévue et inéluctable.

Ils sont reconnaissables, consciemment ou intuitivement, par la plupart des humains. Ils ressentent les mêmes sentiments que leurs semblables, à ceci dit qu'ils les expriment beaucoup plus puissamment avec une expansivité d'énergie et de matérialisation de la pensée beaucoup plus ancré dans le monde. Ils sont souvent pris pour cibles par les êtres corrompus et concupiscents, ils peuvent eux-mêmes s'être faits bernés, en donnant une entière confiance à certains énergumènes ayant l'audace de s'enorgueillir d'être vrais alors que leur vie a été principalement une panacée de divisions et de fausseté sans prise de conscience supérieur.., mais les chevaliers de la luminosité cosmique et intemporelle détruisent les faux consensus tôt ou tard, et ceux et celles qui ont voulu leur faire du tord seront sabrés ensuite par le divin.. Le chevalier déclenche ou continue un conflit uniquement si la vérité est bafouée ou si l'honneur est sali, à la manière par exemple du Cid, Rodriguo Diaz de Vivar dans l'Espagne du XIe siècle, même s'il était imbriqué dans des politiques déjà aliénées de pouvoir royal pré-libéral.. Quoi qu'il arrive, un chevalier préférera le combat réel, ces bagarres qui jadis même pouvaient forger des coalitions durables, et des vraies amitiés, loin des mesquineries bourgeoises qui ont abouti là avec la judiciarisation de la société.. On se souvient tous de bagarres d'hommes, qui après un ou quelques coups de poing, se serraient la main et étaient les meilleurs amis du monde le lendemain.. Mais, dans notre décennie actuelle, c'est souvent l'implacable aliénation de la multiplicité des critiques dissimulées, des disputes par textos, ou de critiques insidieuses, et surtout les divisions et rester fâchés presque à vie.., un débouché du satanisme en somme.. Le chevalier blanc ou errant, au milieu de cette modernité, de son aboutissement en postmodernité, peu de gens lui cherchent d'ailleurs le conflit directement, car ils ont peur de lui.. Il émane encore une vraie puissance, d'un autre siècle.. Cette puissance qui préférait prendre le risque de mourir elle-même avec puissance dans un combat réel, un duel, plutôt que de vivre une fausse vie. Imaginez donc de tels hommes, de quelle manière ils étaient en outre capable de faire l'Amour, avec une telle passion.. Au milieu des simulacres de puissance, il en reste que peu de tels chevaliers..

Je te le dis, Homme, et surtout Femme, si tu aimes, cet Amour te guérira, et t'exhortera à taire ton égo, faussement canalisé par n'importe quel subterfuge de dérivation philosophique, matériel, ou même psychanalytique, car si tu aime tu voudras avant tout penser à l'autre avant toi-même.. Tu comprendras ses quelques errements.. Aucun conflit ne sera.. Et l'autre, s'il est conscient, fera ainsi de même. Tu voudras avant tout l'épanouissement de l'autre, tu ne lui imposera rien qui soit solitude de rejet loin de notre sens premier de communauté, même de courte durée lui faisant croire à de plus amples sentiments d'abandon ? Car tu sais que ces sentiments sont hors de la vraie communauté humaine de vie.. Le vrai être ne connaît aucune délimitation, il transfigure totalement l'existence du quant à soi et du quand à l'autre, dans la fusion indestructible du vrai être, et non du paraître.. Si tu aime, le conflit ne sera pas ton chemin, et seule la paix sera ton exutoire de vérité face à ce monde mondialisé dans le conflit depuis des innombrables années.. ; et surtout si tu aime tu aimeras la divinité de l'existence et le vrai Dieu, et tu ne pourras qu'aimer sans conflit... Le conflit est la basse œuvre la plus terrible, elle trouve son émergence dans des puérilités de la corruption de l'esprit, dans les arcanes de la bassesse satanique. Elle fait ultimement que des humains sont capables de faussement aimer ou cajoler un chien ou un chat, ayant leur « esclave » intériorisé près d'eux-mêmes.., et non leur acolyte comme à la Préhistoire, et ensuite ils détruiront un autre être humain, le rendront malade d'effroi de solitude face à des paroles émergeant d'un conflit qu'ils auront voulu au lieu de le faire taire dans les entrailles de leur narcissisme issu de la marchandisation de l'être et de la consommation existant depuis avant même sa proclamation officielle..

Ces dichotomies façonnent le monde, et l'être d'Amour ultime, sans tiédeur, est capable du meilleur des sourires jouissifs comme de terrasser les immondices dans un monde sans Loi.. Ce dernier les tolérant en outre pour sa propre existence.. D'ailleurs, qui peut contredire cela ? Que le chien, par exemple, est un être d'amour inconditionnel, capable de remuer encore la queue même quand on le punit pour son « Bien ».. Combien d'humain seraient capables de cela ?.. Je ressens toutes ces vérités, mais en Vérité supérieure, je dois dire que si l'humain civilisé aimait autant les autres humains qu'il aime son chien, on aurait enfin collectivement dépasser l'asthénie universelle dont l'origine est située dans le conflit.. L'être libéré du conflit, dans sa plus grande acception de puissance de vie, n'a plus peur de la mort, n'a plus peur de perdre du matériel, il est libéré du temps, et même, j'ose le dire, de faux attachements, cet être, cet Homo supérieur, est la plus grande réalisation créatrice et divine.. Il Est enfin, Il peut dire « JE SUIS », car il est ce qu'il y a ici et Au-delà, il est même déjà avec le plus mirifique des ciels.. Et attention à ne pas croire au mysticisme du « développement personnel » visant à nous encercler dans le piège du « détachement ».. Certes certains se fondent sur des préceptes hindouistes, mais salés à la sauce moderne, insinuant la nécessité d'être « détaché », mais être détaché de Tout est assurément le plus sur chemin vers la déshumanisation et de s'interdire l'opportunité de rencontrer l'Amour ou l'Amitié.. Le détachement n'est valable que pour guérir d'une blessure de rejet, ou d'une injustice, mais en aucun cas le détachement ne doit constituer un soubassement à la vie, puisque être « détaché » ferme les portes du cœur.. Être détaché de Tout résulte de la peur, et tout ce qu'il résulte de la peur mène à l'obscurité, tandis que tout ce qui résulte de l'enthousiasme authentique et de la volonté d'ouverture à l'autre conduit à la jouissance de la vraie vie. Même en cette époque l'émerveillement est possible, je vous le dis, quel que soit le passé, le présent, et le futur, l'être vrai a ce devoir divin de le prôner !

Pour la majorité des humains, le plus gros problème est ostensiblement visible par les blessures, les plus terribles, celles de l'esprit, même plus précisément du mental.. Les blessures peuvent venir de notre propre passé, resurgir, intégrer dans le présent un rejet de l'autre en lien avec des déceptions passées, amorcer des faux conflits d'intériorisation absurde, et souvent on peut les faire émerger et les faire durer soi-même alors que cela ne devrait pas l'être.. Personne n'est parfait, la compréhension est essentielle, et nous devons porter au pinacle bien évidemment la notion tangible de paix, sans même aucune mise en scène de poings levés pour « s'amuser », et redonner une joie imperturbable à l'humanité. L'homme, le vrai, est celui qui aimera authentiquement, autant dans ses paroles, sa présence, ses caresses, et son regard. C'est celui qui y croira fermement et profondément. Et la vraie femme est celle qui l'accueillera avec durabilité et innocence indestructible. Seuls ces principes vitaux au relationnel du couple permet l'aboutissement intemporel de l'Amour et la destruction du conflit de la dualité insidieusement prôné par le système..

Le conflit, pour l'être en équilibre, n'est pas recherché, il vient à lui.. Il a ainsi le devoir aventureux de l'accepter et de vaincre dans la manifestation éclatante de Vérités. L'être d'équilibre, celui en lien avec notre ancestralité divine, est très souvent confronté à des conflits que lui cherchent les vampires d'énergies ou faux prophètes en tout genre. Le pire dans cette existence ainsi que le plus difficile à gérer pour un cœur encore pur d'ange, c'est quand quelqu'un lui apprends des choses, lui prend sa confiance, lui fait croire pendant des mois ou des années à une grande amitié ou grand amour, et, du jour au lendemain, même s'il y avait des prémisses ostensiblement visibles, le largue ou le rabaisse intensément ou ne l'estime pas à sa juste valeur et ne fais pas en sorte de le pousser vers l'avant comme de vrais humains devraient faire les uns avec les autres. Le contexte est exacerbé quand un être vil, bien dissimulé sous des beaux traits paroliers, lui placarde même une jalousie en pleine face ou mesquine par écran interposé.. Car l'être d'équilibre est l'être créatif par excellence, et il attire les jalousies d'êtres résolument inférieurs en humanité dans cette société.. Une amitié trahie par la jalousie est donc excrémentielle.. Une chose à faire : dire la Vérité ressenti sur l'attitude de l'autre, car en gardant tout en soi on se bousille l'âme, et ensuite laisser l'autre personne se remettre en question ou non, et voir si elle s'éloigne elle-même ou prendre soi-même de la distance si l'attitude de l'autre devient notamment régulièrement négative.. Et le karma et le divin agiront quoi qu'il arrive..

Mais ce karma est-il assurément à l'oeuvre pour le bien de celui qui fait le Bien ? Comment expliquer autant d'injustices qui ont implacablement frappé bien des êtres de bien..

Je me souviens d'un documentaire qui montrait des innocents en prison, dont la justice les avait enfermés à tords, pour des fausses accusations de viols ou de violence ou ""erreurs"", et dont les faux accusateurs ou accusatrices sont eux peu condamnés en dénonciation calomnieuse, et la vie de ces innocents condamnés injustement fut largement traumatisée et en grande partie gâchée jusqu'à perdre des années de vie et être entaché d'une sempiternelle lourdeur de mal de vivre..
Je le proclame, c'est totalement écoeurant, et je sais au combien il suffit de tomber sur une saloperie, sur une fausse accusation de violence, sur une personne mensongère, ou quoi, qui constitue une plainte mensongère pour que l'abjecte machine judiciaire s'emballe et débouche sur de la détention provisoire, et tout le tralala, mais je le dis, haut et fort, en tant que digne héritier surtout de mes ancêtres Gaulois , Celtes, ou Ibères, ou Vikings, avec Force et détermination de vérité, et même le plus grand Amour qui m'anime, celui du divin Dieu des Dieux, si un jour, cette société de merde tenterait de m'enfermer à tord pour quoi que ce soit, je lui résisterai physiquement, avec des moyens qui me sont propres que j'ai déjà anticipé... Je préfère mourir libre que vivre encore davantage comme un esclave !..
Et les injustices sont manifestement régulières admises dans ce système.. Mieux vaut mourir dans la force du combat réel, plutôt que ramper.. La Liberté et la défense de celle-ci dans l'accomplissement le plus vrai sont absolument primordiaux !
La mort n'est rien, mais la fausse vie est la pire des injustices. Songez à cette piètre existence que vivent bien des humains, sans partage réel ni créativité d'union des cœurs, dans cette société, en tant que ""citoyen libre", et le résultat est globalement une grande aliénation historique de soumission à un ordre injuste. Des fausses relations, des fausses joies, sans vraie communauté de vie, alors imaginez la vie d'un prisonnier

enfermé à tord ou autre débilité pire.. Pourquoi il y a autant de gens qui acceptent d'être enfermés ? La peur de la mort, le simple instinct primaire de survie, et donc la peur d'un destin glorieux et révolutionnaire.. Ils espèrent être « libérés » et redevenir certainement des consommateurs.. Et Dieu, pourquoi il laisse faire cela ? Aucune injustice ne me touchera jusqu'à se prétendre propriétaire de mon corps et donc de sa prolongation interne qu'est mon âme ! Je préfère le combat à mort s'il le fallait, même face à une force dite "légitime", ou face à n'importe quoi ! De toute façon, je sais que j'ai réalisé un beau parcours, j'ai accompli plein de choses créatives, d'idées écrites, des copines, la musique, etc etc, et je peux mourir demain il n' y a pas de problème à ce sujet. Mais je veux vivre, je veux vivre encore la vraie amitié, vivre le vrai amour enfin, finaliser des projets encore en cours de réalisation, je veux bien évidemment vivre, mais j'anticipe fortement dans l'éventualité de me battre jusqu'à la mort face à l'injustice, que ce soit face à un mensonge tyrannique, ou même face à un chaos global qui engendrerait l'injustice globalisée .. Que cela soit dit. Force et Honneur comme dirait l'autre..

La puissance du vrai guerrier de lumière assumant son coté obscur afin de parvenir à l'autre facette de force quand c'est nécessaire face à l'adversité et l'injustice d'un soi disant système de "valeurs", mais revenant quoi qu'il arrive à l'équilibre de la lumière ! Voici la Vérité qu'il faut atteindre, et cette qualité n'est pas gouvernable par quelconque système.. Il est d'ailleurs extrêmement décevant de constater que même des groupes en apparence les plus récalcitrants au système se rangent pourtant du coté de la classe capitaliste de la même manière que le gros du panel de la masse. Je me souviens encore d'un grand débat auquel j'avais participé activement au sujet du rôle des révolutionnaires communistes en temps de guerre.. J'avais personnellement évoqué le fait, non sans une pointe d'irrévérencieuse parole contre la soumission généralisée aux ordres promulguées par le système y compris chez eux, que je résisterai physiquement, au péril de ma vie s'il le faut un jour, contre une mobilisation forcée au sein d'une guerre déclarée par le capitalisme entre des camps capitalistes.. Il m'avait été promptement rétorqué presque unanimement que des «authentiques révolutionnaires doivent accepter d'être enrôlés au sein des armées afin de continuer le travail de conscientisation des masses, de parler révolution même au milieu d'une guerre, afin d'espérer aboutir à la Révolution communiste, et que c'est ainsi que cela avait fonctionné pour l'émergence de la Révolution soviétique ».. J'avais répondu à cela que je refuse de porter l'uniforme de mes ennemis capitaliste, de mourir pour eux ou de finir handicapé pour une guerre de merde renforçant la richesse des industriels.., et que de toute façon la Révolution russe a fini par être trahie car elle n'avait pas atteint l'ampleur mondiale nécessaire même au début du XXeme siècle loin de l'abrutissement actuel et que bien des révolutions et insurrections prolétaires ont eu lieu sans avoir besoin d'une guerre en amont, donc je refuserai de me laisser embrigader dans une guerre, et je refuserai de tuer un autre prolétaire d'un autre pays qui ne m'a rien fais de mal à moi, que j'ai une âme, et que je refuserai de me salir ainsi.. Je prendrai les armes uniquement dans deux contextes : une insurrection ouvrière directe contre les élites, comme à la Commune de Barcelone en 1937 ou à la Commune de Budapest en 1956 (des épisodes communards qui ont d'ailleurs été écrasés à chaque fois par des armées et états-majors de différentes nationalités coalisées car ils faisaient peur aux élites par leur caractère expansif en terme d'alternative au capitalisme), ou bien pour me battre contre ceux (des flics ou des militaires) qui voudraient me forcer à être enrôlés dans une guerre capitaliste.., pour titres d'exemples. On m'a rétorqué bien sûr que de toute façon, « on se soumet tous les jours au capitalisme pour bosser, manger, etc.., et que déserter le sort de nos frères prolétaires n'est pas le sort d'un vrai révolutionnaire et c'est de l'individualisme».. Bref. Ok, donc, selon eux, il faut aller jusqu'au sacrifice ultime de soi-même, sans certitude d'aboutir à quoi que ce soit de révolutionnaire ou d'embryon d'insurrection, sachant que le paradigme du XXI e siècle est encore pire en terme de possibilité de conscientisation de nos jours ?

Un authentique résistant ne doit-il pas plutôt demeurer au maximum en vie pour l'avènement d'un nouveau monde enfin meilleur, enfin conscient, enfin vrai ?! Ne doit-il pas demeurer en vie pour enfin un jour se battre réellement pour la vraie Révolution ? Pas d'une révolution détournée de sa primordialité... Malgré toute l'amitié que je porte à des amis qui sont communistes, je ne me soumettrai pas à certaines de leurs idées..

Des mêmes personnes qui m'ont parlé d'individualisme critiquable dans le choix d'être un déserteur de la guerre, m'avaient ainsi également qualifié d'individualiste quand auparavant j'avais refusé le « vaccin » à Arn messager pendant la période de l'entourloupe globale des chiffres du covid, et ressortaient des discours similaires à ceux du gouvernement capitaliste, notamment en lien avec la stratégie de la peur... Pire, ils racontaient qu'il y avait davantage de morts du covid que la TV ne veut bien le dire.. Alors qu'autour de nous tous, les gens véritablement conscients, on avait du mal justement à trouver le nombre réel de ces morts...

En vérité, haut et fort, je préfère encore les déserteurs anarchistes de la première guerre mondiale, qui sont parti

s'isoler en communautés, fusils au poing, dans certains coins reculés de campagne, et que les régiments d'armées ne sont pas aller chercher, soi par manque de temps soit car ces anarchistes préféraient encore mourir dans un combat pour leur authentique et totale Liberté plutôt que de rejoindre les rangs du capitalisme armé, même dans une perspective de « discuter avec les autres prolos en treillis, avoir pour maigre espoir au XXIe siècle d'en éveiller suffisamment dans la perspective obscure de la venue d'une révolution communiste.. » .
Je me souviens même de femmes dites communistes affirmant la nécessité que les communistes révolutionnaires acceptent d'aller à la guerre, afin de « continuer la fraternisation et l'éveil des consciences au sein des rangs armés ».. Elles disent cela, alors même qu'elles savent que ce sont uniquement les hommes qui sont mobilisés lors d'une guerre afin d'aller se faire totalement trucidés sur le champs de bataille... L'égalité ?.. Même les capitalistes en ont fait uniquement un cheval de troie pour leur système de consommation.. D'ailleurs, si je vois une majorité d'hommes sur des barricades, et très peu de femmes, je ne monterai même pas sur ces champs de révolution, puisqu'elles ont voulu « l'égalité »...
Je peux le dire désormais, je suis à la fois pour le Communisme et aussi des idées Anarchistes faisant émerger instinctivement une force de l'individualité vécue ensemble. Et je suis aussi chrétien anticapitaliste, de la même manière qu'il a existé des communistes chrétiens et des anarchistes chrétiens. Mais je choisirai mon combat, je choisirai en outre quand je veux mourir si un combat doit être mené, je choisirai comme Dieu m'a donné la possibilité de choisir, grâce à cette liberté qu'il a donné à tous les humains de choisir entre le Bien et le mal. Je laisserai surtout ma liberté de penser agir, cette liberté individuelle essentielle qui existe en chaque individu, homme

ou femme, et qui fait que chaque personne a un visage différent comme Dieu la voulu depuis que l'humanité existe..Et je peux vous dire que le visage d'un Boris Vian, qui a écrit la chanson « Le déserteur » a davantage de valeurs que le discours d'un acharné de la mitraille quel que soit le camps..

Cette société globale a perdu la majorité des esprits et a engendré une hétérogénéité de la capacité de penser, car l'être rare qui a compris les subtilités de l'esprit humain observe bel et bien cette déchéance. Autant chez des révolutionnaires pourtant historiquement ancrés dans les livres d'histoire que chez des marginaux spirituellement ouverts à des connaissances, chez les uns et les autres, il persiste des aliénations profondes qui leur empêchent de voir l'ultime vérité, et autant chez les uns et chez les autres on trouve même des égoïstes et des gens qui parlent, qui parlent, mais qui n'auront peut-être pas l'héroïsme divin – avant même la guerre - d'accomplir un véritable acte de sauver une autre personne au péril de leur vie, ou de ressentir et partager une sensualité du moment présent que seul l'être rare portant ce visage d'ange divin peut ressentir au fond de son âme, seul ou avec les autres.. En Vérité, je peux vous le dire maintenant, j'ai perçu dans les yeux d'un bon nombre de soi disant bon samaritains de la condition ouvrière ou de l'humanisme, des gens qui avaient des fantasmes de meurtre conjointement à un nihilisme à postériori suicidaire.. Les mêmes qui pendant des heures entières ne se gênaient pas, devant moi, à dire qu'ils veulent un monde meilleur tout en critiquant ensuite le premier passant venu ou traitant de « zombies » leurs prochains.. Et donc ce sont les mêmes qui veulent se « sacrifier pour éveiller les consciences »... On aura tout vu.. Participer donc à la grande soupe d'une guerre leur permettrait probablement d'avoir le libre champs pour tuer tout en se faisant tuer : commettre des meurtres autorisés, et par la même occasion se faire par la suite suicider.. On est face à un gigantesque tableau noir de la pensée nihiliste masquant son dessein par des artifices que certains des premiers concernés discernent que brièvement pour eux-mêmes.. Cette humanité, à des seuils divers, s'est façonné un amas grotesque d'êtres pataugeant dans la perversion narcissique coalisée et la perdition.. Non. Tous, révolutionnaires, non révolutionnaires, libéraux, bouddhistes, catholiques, athées, communistes, ou même des anarchistes revendiqués, etc etc, dès que la logorrhée de déclaration de guerre se déversera dans les télévisions et les radios nationales (comme récemment en Ukraine et en Russie), au lieu de sortir massivement dans la rue afin de récuser cette gigantesque Merde comme l'aurait d'ailleurs dénommée Karl Marx ou Jésus Christ ou d'autres personnages d'envergure. Non, ils iront tous directement s'enrôler et crever.. Ils communieront quand le gouvernement local capitaliste leur dira de communier pour ses intérêts., alors que l'heure, pour véritablement enfin changer le Monde, est concrètement à la désobéissance..

Désobéir quand on nous demandera l'ultime sacrifice pour les profits de cette minorité d'élites cupides et immondes. Désobéir afin de préserver ce Temple de notre corps et de notre esprit, le préserver de la souillure de tuer massivement d'autres humains qui oui sont nos frères en humanité ou prolétaires selon la théorie marxienne, et le préserver de ces gigantesques charniers qui constituent aussi certainement des sacrifices en l'honneur du satanisme de la marchandise.. S'il faut mourir dans un combat, ce n'est que dans deux perspectives réellement louables et divines ; une vraie révolution directe contre ces élites lucifériennes ou bien dans le cas d'une légitime défense individuelle et naturelle pour la Liberté d'exister pleinement dans la jouissance de notre vie. Seul un tel conflit est salvateur..

Chapitre 4 : L'être et la joie

La quiétude, le bonheur, la béatitude, la réjouissance, l'épanouissement, l'allégresse, ou même la félicité, tant de synonymes de la joie. Et combien d'étrangers dans la civilisation à ce subtil et prégnant caractère de notre âme depuis nos origines. Les civilisations esclavagistes et aliénées du passées avaient déjà engagé une entreprise régulière de destruction de la joie, mais les sociétés modernes et industrielles, de l'aliénation supérieure du l'argent roi, de l'égoïsme anti communautés, et de l'objectification de l'âme ont engendré une pieuvre tentaculaire et invisible, pour l'œil non aguerri, qui dévorent les artefacts de la permanence de l'émerveillement ancestral.. La joie n'est pas un sourire parcellaire ou un plaisir rapide, elle est un état d'être et d'intention avec soi et avec les autres. Elle transcende l'esprit et le corps, elle permet même que deux êtres véritables aient l'impression lumineuse de ne faire pratiquement plus qu'un, comme une fusion, quand la vraie amitié ou l'Amour empreignent le monde de la matière. Le but ultime de l'existence est l'équilibre au sein de ce monde de la matière et de l'esprit, dans la vigueur et la vraie douceur.
Alors que penser du XXIe siècle ? Globalement, que oui nous sommes au paroxysme du système de la fausse douceur. Ce système passant par la télévision, le téléphone portable pratiquement indispensable pour la vie sociale ou professionnelle, le supermarché bien polluant, et le confort

matériel exacerbé, afin de garantir les plaisirs solitaires ou à plusieurs mais dont les cerveaux agissent souvent pour leur égo, avec réciprocité inéquitable, dans la plupart des groupes sociaux. Il n'y a qu'à voir le nombre de gens dépressifs, dissimulant leur mal-être à leurs semblables, se gavant de séances de psy ou d'antidépresseurs de façon chronique pour compenser leur vie ébranlée par la fausseté et le mensonge du monde, et par leur incapacité à sortir de leurs blessures du passé de façon radicale et consciente, et reproduisant eux-mêmes le totalitarisme de l'égoïsme de ce monde globalisé de la Machine douce de la fausse douceur... On peut aussi observer le nombre de gens qui ont un rapport consommatoire au monde, aux choses, et aux autres êtres humains et même à la nature. Pourras t-on s'autoriser à penser qu'ils se complaisent dans la souffrance..

Le phénomène addictif du « toujours plus », dans son exclamation consumériste la plus aboutie, fait que les humains ont une tendance exponentielle, pour beaucoup, à la négativité. Comment expliquer alors toutes ces familles déchirées, tous ces couples détruits, toutes ces amitiés fracturées, et toutes ces relations mises à mal par tous ces égos surdimensionnés.. A la manière d'un objet de consommation, l'être humain est notamment devenu une denrée jetable dans la postmodernité.. Il est pris, utilisé, et ensuite finalement jeté aux oubliettes très souvent par son semblable pour seulement quelques défauts quand bien même il aurait pourtant davantage de qualités et qu'il ferait tout le Bien possible. Il a une date de péremption et sera rapidement remplacé par un autre produit.. Et on peut affirmer qu'il s'agit fréquemment de la personne encore véritable qui subit cela.. Car, à contrario, la corruption de l'esprit rejette rarement une autre corruption de l'esprit.. Et, très souvent, dans cette société, les relations les plus durables sont

pourvues de vénalité et de froid intérêt..
L'être humain, en l'absence de vraies communautés de vie, peut être relégué au rang d'inconnu après avoir été soi disant qualifié comme un grand Amour ou un grand ami. « A la vie, à la mort », et « pour le meilleur et pour le pire, dans l'épreuve », n'existent pratiquement plus.. Et il arpente souvent les chemins de la solitude, du lit froid sans vrai érotisme, et doit se contenter de quelques relations éphémères couvrant sporadiquement des plaisirs solipsistes ou des besoins élémentaires.. Quand bien même un être, éveillé et divinement conscient, tente de vivre une authenticité, au milieu de cette machine douce, il doit se confronter très souvent à un manque de réciprocité et de durabilité au sein de cette foule inféodée au mensonge de ce système corrupteur..
Cette foule toujours en quête de nouveautés factices, de nouveaux corps, de nouveaux esprits, de nouvelles idées, de nouvelles chaussures, ou de nouveaux gadgets, mais qui s'oublie elle-même.. Cette masse qui ne s'accomplit pas dans la fertilité de la relation humaine authentique et durable, mais qui est seulement dans l'accumulation, la recherche de drames stériles, et donc dans l'impuissance existentielle.. Car, la loyauté, le duel réel contre le déshonneur, la spiritualité réelle, la fidélité, la compassion, le pardon, l'empathie, ainsi que le respect véritable de la parole donnée et des promesses ne sont plus globalement que des mots caractérisant un mode de vie Moyenâgeux.
Dans le cheminement aliéné des mauvaises nouvelles des infos télévisées, qui embrigadent le citoyen lambda à voir le monde de façon négative presque 7 jours sur 7, et donc d'agir implicitement dans la perception perpétuelle du négatif chez d'autres êtres, tout est donc fait, presque invariablement, par le système de la douceur froide afin de réaliser diaboliquement la

Grande Division utile à la pérennisation de la tyrannie douce..
Ce doux nectar empoisonné, dont nous sommes tous et toutes
les serfs contemporains, et qui garanti la gouvernance du
Capitalisme et de ses élites. Et ceux et celles qui se sont
réellement rebellé avec courage par le passé, durant des
révoltes ouvrières, ou jacqueries paysannes, contre la venue
d'une telle tyrannie, ont été réprimés et sont morts, éliminés par
les armées de métiers sous la coupe de la tyrannie
démocratique tutélaire..
Fort heureusement, il demeure encore quelques vrais humains,
par ci par là.. Au delà des masques des faussaires en tout genre
et propageant le règne de l'apparence et de la division, on
trouve tout de même, à coté, et dans la vraie joie ; des
Résistants solides et immuables, des idéalistes amoureux de la
vraie vérité, des puissances d'être notamment masculines
surgissant de l'épreuve, des Hommes dans la créativité et qui se
sont forgés, de façon inébranlable, le devoir de devenir
meilleur au milieu de toutes ces absurdités émanant de la
dictature du machinique obscur de l'esprit, et qui, peut-être, un
jour, ouvriront le chemin de son abolition ! Et seul un vrai
humain peut écrire et dire de telles vérités. Ho oui, le libre
arbitre existe tout de même : au quotidien, soit l'être choisit le
faux, soit l'être choisit le vrai ! A bas le système du diable.
Vive la divine joie !

Et résister, ce n'est pas forcément s'enchaîner à l'idée
omnipotente de révolution, car nous savons tous que bien des
révolutions ont été récupérées par une certaine élite afin de
produire un cheminement aliénatoire supérieur.. Et dans cette
postmodernité très consommatrice, dont le paradigme annihile
globalement même les vieux idéaux ancrés communards ou de
révoltes contre l'oppression, est-il de bon ton pour l'âme de se
cramponner presque en permanence à l'idée de Révolution ?

Personnellement, j'ai connu des bougres qui en avaient presque oublié de continuer à fraterniser avec des gens ne souhaitant pas la Révolution, ou même, frustrés de ne pas voir venir ce fameux jour de « libération », ils en arrivaient à en devenir au quotidien pire humainement qu'un individu étant dans la nonchalance face au devenir collectif.. Un esprit reposé, détaché, en quête de paix d'abord intérieure, je dirai même de révolution intérieure là oui réussie, pourra cheminer vers les autres dans la plus grande authenticité. Combien de syndicats ou même de partis politiques anticapitalistes tiennent un tel discours ? Le matérialisme y est plutôt en vogue. Les élites matérialistes et maléfiques auront réussi leur coup de poker d'engendrer, quoi qu'il arrive, d'un monde où à la fois les partisans et les opposants au système sont le plus souvent aussi matérialistes ou alors faussement spirituels et même hargneux.. Des paroles argumentatives de Georges Brassens parviendraient à un tel constat : « *Je refuse qu'un groupe ou une secte m'embrigade, et qu'on me dise qu'on pense mieux quand mille personnes hurlent la même chose. Les hommes ont de moins en moins besoin de Dieu. Ils "sont" leur Dieu. Ils se posent de moins en moins de questions ; en tout cas, cela reste au niveau du réfrigérateur, de la voiture, du métier, des femmes. Ils en arrivent à se foutre de tout ce qui ne les touche pas personnellement : on en vient à un monde d'indifférents et de hargneux. Le seul paradis que je préconise, c'est le paradis de l'individu qui a sa liberté, même dans la société actuelle. Et même dans une société pire.* »

Et toutes ces simagrées, quelles que soient leurs genèses et leurs chemins, ne sauraient de surcroît dépasser l'authenticité et la simple grandeur de vérité du regard d'un chien. Cet animal spécifique et étroitement liée à notre destinée humaine, sans qui l'humanité n'aurait probablement pas connu son évolution préhistorique ni survécu à ces lointaines époques de rusticité.. Effectivement, le chien mérite notre amour éternel. Un documentaire archéologique - dont j'ai oublié le nom précis – mettait en exergue, avec brio, que sans le chien, l'homme préhistorique n'aurait pas survécu ou évolué ensuite. Pragmatiquement, le chien gardait notre tippi dès au moins 15000 ans av. J.-C, il nous aidait à chasser notre nourriture, et il était un support fidèle pour nous réconforter et nous défendre face à des dangers exogènes à la tribu. Que la grâce de Dieu et notre gratitude lui soient octroyées à tout jamais. C'est pour cela que je ne peux pas concevoir toutes ces hordes d'inhumains actuels, qui vont des cynophagies asiatiques, à l'industrie de la fourrure occidentale, aux vacanciers consommateurs d'ici et là qui abandonnent nos fidèles compagnons sur les bords de routes (pour « «économiser »), qui font du mal à de nombreux chiens. C'est inconcevable pour l'être d'équilibre, l'être philosophiquement ancré dans ses racines d'humain.. Le chien est globalement un être d'Amour universel.

La joie est l'immanence de l'âme, et, dépourvue de sourire authentique, la vie ne peut vraiment s'épanouir. C'est que nous en avons tant vu quotidiennement de ces faux sourires, nous les hommes qui rient encore sans exagération ni atténuation, et des mangeurs de joie aussi nous en avons tant cotoyé. De ces gens qui savent partager de bons moments avec nous, rirent aux éclats, nous serrer dans leurs bras, mais qui, un jour, lassés par tant de vrai bonheur, préfèrent retourner à leur petite existence lamentable avec d'autres êtres dans l'asténie la plus totale et sans aucune saveur de vrai existence.. Ils montrent leur meilleur jour durant une plus ou moins longue période, et ensuite ils rejettent le vrai être, car demeurer avec lui incomberait à ce qu'ils ou elles se déchargent du lourd fardeau de leurs aliénations passées mais auxquels ils sont malgré tout attaché.. Ils et elles ont donc fait souffrir le vrai être en l'ostracisant.. Dans la société du négatif omnipotent, la vraie joie fait peur.. Peur et joie sont donc ici les deux faces de la même pièce, et par conséquent tous les chapitres de ce livre sont intimement liés. Il est utile de souligner que la véritable joie découle de l'innocence et de la spontanéité, ces caractéristiques de l'esprit semblables au comportement d'un enfant en plein éveil dans un monde naturel. C'est ainsi que la Bible chrétienne nous parle profondément de l'accès au Royaume de Dieu qui ne sera possible qu'aux gens humbles et émerveillés comme des enfants : « *..Jésus, ayant appelé un petit enfant, le plaça au milieu d'eux, et dit: Je vous le dis en vérité, si vous ne vous convertissez et si vous ne devenez comme les petits enfants, vous n'entrerez pas dans le royaume des cieux. C'est pourquoi, quiconque se rendra humble comme ce petit enfant sera le plus grand dans le royaume des cieux. Et quiconque reçoit en mon nom un petit enfant comme celui-ci, me reçoit moi-même. Mais, si quelqu'un scandalisait un de ces petits qui croient en moi, il vaudrait mieux pour lui qu'on suspendît à son cou une meule de moulin, et qu'on le jetât au fond de la mer.* » (Mathieu 18) .

Voyez comment un enfant est ouvert au monde, sans appréhension, avec innocence, et gentil avec tous les inconnus comme avec ses proches. Il s'agit à postulat du « petit enfant », car l'age avançant, l'adolescence constitue déjà le chemin de la corruption dans cette société. Cependant, un enfant, en bas âge, possède aussi de grandes vérités en lui-même, et il mettra instinctivement en œuvre la pensée, face à un grand événement obscur, l'amenant à dire qu'il faut « faire la guerre », ou se « battre contre les méchants ». Il va de soi que la plupart des humains des temps anciens, aussi bien adultes qu'ils étaient, corroboraient cet état de fait de l'innocence dans bien de leurs actes et pensées.. C'est la civilisation notamment moderne, en outre le règne du quantifiable et du falsifiable, qui a fortement décrépit l'âme et l'innocence, en l'occurrence l'innocence et la fraîcheur de vivre le moment présent qui sont pourtant indispensables à une vie digne de ce nom.. Cette même civilisation satanique dont un grand nombre de ses élites violent et tuent des enfants dans des messes noires..

Je vous le dis en Vérité, un être cupide, mesquin, totalement réifié, qui n'aura vu la vie que comme un étandard de profit, de simple consommation d'objets ou d'autres êtres humains, qui manipule, qui joue avec le cœur des autres, et qui ensuite détruit insidieusement d'autres esprits, aura moins de chance de rejoindre notre Eternel père dans l'au-delà, et finira dans les abysses, tandis qu'un révolutionnaire qui aboutit en taule ou dans le cercueil, même après avoir commis des « meurtres » sur des êtres justement corrompus et cupides, aura lui oui davantage de propension sacrale à rejoindre le divin car il aura combattu pour un idéal, il aura sacrifié sa vie dans l'espoir de créer un monde qu'il pensait plus juste, et il aura, dans la majorité des cas, éliminé des êtres corrompus et satanisés de cette planète. De toute évidence, le monde est aussi obscur socialement et ontologiquement, à notre époque, l'égrégore dissimulant les ténèbres, puisque nous, êtres de force divine, nous n'agissons pas dans cette voie.. Nous laissons tous ces êtres obscurs demeurer.. La joie de communion absolue ne peut exister globalement que dans un monde qui serait nettoyé de tous ces esprits malsains, de tous ces masques, de toutes ces jalousies, et de toutes ces recherches de simagrées nourrissant les esprits qui n'ont connu que la joie parcellaire et non la joie pleine et entière. De ma propre expérience, j'ai sûrement connu davantage de joie dans un bend tiré sur ma guitare électrique

que dans les longs allers et retour et l'éjaculation dans le vagin de salopes cupides se faisant passer pour une femme bien mais rejetant à la fin l'ange qu'elles disaient aimer.. L'ange qui a voulu leur faire que du bien, leur désigner la voie de l'éveil divin, en discussions ensuite, leur disant de rejeter les recherches de conflits insensés, mais elles ont décidé de croupir dans la matrice de la servilité de l'âme, dans cette inextinguible putréfaction de leurs regards biaisés par un ou plusieurs démons les suivant probablement à la trace. J'ai beau avoir prié longuement pour qu'elles soient libérés du joug de leur asservissement, cela n'a pas fonctionné, et à fortiori il est donc possible que la libération ne peut venir que d'elles mêmes, de leur propre sacralité, ou alors ne viendra jamais.. Pourtant, j'ai pû ressentir cette jouissance commune érotique à diverses occasions, des moments de sacralité existentielles de corps à corps, et d'âme à âme, j'ai pu toucher ce qu'il restait encore d'humain chez ces femmes, avant qu'elles fassent surgir du tréfonds de leur aliénation une trop vaste nécropole d'idées obscures et qu'elles rejettent donc la Lumière..

Et le destin d'un résistant au système est de finir fréquemment dans un dénuement.. Un exemple récent est celui du grand guitariste-chanteur de Reggae, Jah Prince, qui a vécu des injustices et a fini SDF.. Avec tout l'argent qu'il a dû gagner à une époque, pourquoi il ne s'est pas au moins acheté un petit studio ou appartement ? .. Et aussi, n'a t-il aucun ami pour l'héberger là ? Ils sont où tous ces soi-disant potes qui le laissent en plein hiver dans une tente.. Les femmes entre elles sont plus solidaires que les mecs entre eux, je l'ai vu, elles s'entraident beaucoup plus, tout en étant davantage hypocrites et aliénées toxiques, certes pour beaucoup dans la modernité capitaliste, mais là le mec est une très grande figure des chansons contrant les séductions de « Babylone », un grand musicien, et il finit ainsi dans une tente, au sein d'une forêt froide alors qu'il a tout de même 60 ans.., jusqu'à des individus qui lui ont cramé son dernier projet comme expliqué dans le documentaire, etc.. C'est un monde dégueulasse. Il devrait le mec se chopper un van aménagé, s'il le peut et voyager, se faire un album acoustique en tournée en camion, je ne sais pas , plutôt que continuer à camper dans la forêt parisienne du malheur.. Il a été victime des persécutions des autorités de la Côte d'Ivoire, laissé pour compte en France, et son matériel, pour tenter un essor nouveau, fut consumé par des persécuteurs de notre hexagone, mais cet homme garde encore le sourire et continue de jouer de la guitare et danser tout en acceptant sa condition simple d'entendre quotidiennement des oiseaux chanter. Au milieu d'une forêt citadine... Intérieurement, il est certainement toujours heureux, ou du moins satisfait en apparence, mais l'est-il vraiment ? Est-on véritablement heureux quand n'exulte pas la volonté de puissance terrassant les pourvoyeurs d'injustices ? Je vous le dis, tous les SDF , qui vivotent davantage dans la solitude humiliante et l'aliénation, devraient tous se coaliser et former des groupes révolutionnaires contre cette société de merde ! La joie ultime est celle de l'acte d'émancipation face à la tyrannie, même si, de façon certes contradictoire, la joie innée et naturelle la plus sensitive est façonnée par le moment présent de paix et d'Amour, les deux aspects se marient donc ensemble.. Le vrai Amour et la vraie paix, donc la vraie joie, ne peuvent être partagés qu'avec des gens qui ont ce désir immuable et satisfaisant, sans quantité moindre ou superflue, d'abolir la société..

Le mensonge ultime de cette fausse vie pronée par le système se matérialise particulièrement par la quête du profit afin de satisfaire de menus plaisirs sans sens et surtout dénués

d'authenticité. Combien notamment d'hommes ont accepté de se soumettre à des femmes perfides et vénales ainsi qu'à des patrons tyranniques ou à des postes totalement aliénant, de façon durable durant des décennies, plutôt que de préférer la solitude créative. Nous, les rares homme de puissance, nous les observons ces masses de clown grotesque portant ce regard déplorable et les épaules recroquevillées, tressaillant de tout leur buste, marchant presque à rebrousse poil de l'attitude normale d'un homme, et adoptant ensuite des discussions saugrenues.. Est-ce qu'une paire de fesses féminines, ne réagissant même plus à une altérité amoureuse réelle, abandonnant la passion commune, mérite qu'on se sacrifie pour elles ? Assurément que non. Il faudrait une Révolution ? Ils préfèrent la génuflexion face au fion.. Même si Arthur Schopenhauer n'avoue pas que la raison principale de la soumission des hommes à la quête de matériel et de fric est explicable principalement par la volonté de parvenir à garder au moins une femme régulière auprès d'eux, il détaille en outre précisément cette quête totalement embourbée dans la mélasse de la merde contemporaine -gageons qu'au XIXe siècle toutefois la prépondérance des femmes fortement intéressées par le pognon et la sécurité absolue de la consommation éhontée n'avait pas atteint un point de non retour . Citons : *Combien n'en voyons-nous pas, diligents comme des fourmis et occupés du matin au soir à accroître une richesse déjà acquise !*
Ils ne connaissent rien par-delà l'étroit horizon qui renferme les moyens d'y parvenir ; leur esprit est vide et par suite inaccessible à toute autre occupation. Les jouissances les plus élevées, les jouissances intellectuelles sont inabordables pour eux ; c'est en vain qu'ils cherchent à les remplacer par des jouissances fugitives, sensuelles, promptes, mais coûteuses à

acquérir, qu'ils se permettent entre-temps. Au terme de leur vie, ils se trouvent avoir comme résultat, quand leur fortune leur a été favorable, un gros morceau d'argent devant eux, qu'ils laissent alors à leurs héritiers le soin d'augmenter ou aussi de dissiper. Une pareille existence, bien que menée avec apparence très sérieuse et très importante, est donc tout aussi insensée que telle autre qui arborerait carrément pour symbole une marotte ».

Ainsi on peut expliquer pourquoi nous voyons autant de jeunes gens moches, constitué d'un physique plus faible que jadis, c'est bien à cause de toutes ces femmes modernes, dont le critère premier afin de sélectionner un homme pour se reproduire n'est plus la qualité prioritaire et instinctive de la beauté et de la force physique de l'homme, mais désormais son porte monnaie et sa capacité de soumission au système du Capital afin de lui garantir des revenus suffisants pour « prospérer », aller au resto régulièrement, acheter un sac a main plus grand , vivre dans une maison plus grande et plus « confortable » dans l'avenir, voyager le week-end au ski, etc. Tout ce dont la femme ancienne et traditionnelle ne regardait même pas.. Je connais personnellement divers hommes de ma génération, dégueulasses, moches ou très moyens, qui se sont reproduis, et je connais aussi des hommes beaux voire très beau, dont moi-même, à l'heure où j'écris ces lignes, à mes 35 ans, qui n'ont pas encore eu de descendance avec une femme malgré le nombre de copines qu'ils ont baisé. J'ai même réfléchis à faire un don de sperme dans un hopital afin de palier à ce manque de descendance.

Elles acceptent de se reproduire qu'avec des laquets du système.. Quelques résistances de traditions de reproduction de vraies puissances existent certainement sporadiquement chez des groupes encore tribaux comme les gitans ou dans d'autres

contrées.. Bref. Bien évidemment, la règle corrompue admet des exceptions. Je suis certain qu'il doit exister encore des couples pérennisant la tradition de la sélection naturelle, et surtout de l'Amour comme base de l'existence.
Bien évidemment, dans tout dîner, tout pique-nique, toute soirée mondaine, toute occasion de rencontre ou même de partage d'un repas avec des inconnus ou des gens portées à notre connaissance, dire une telle vérité sur la fausse joie qui est instiguée dans la société capitaliste du satanisme mondialisé ferait très rapidement bifurquer la discussion sur un autre sujet nettoyé de qualité subversive et surtout de divinité, car dire la Vérité dissimulée est un acte divin. En somme, la parole libre serait en outre amenée à livrer bataille souvent seule face à une armada d'ennemis de l'âme et de faux amis de la conscience. Mais l'incommensurable joie de ressentir cette authenticité en soi-même, de parler sans arrière pensée ni censure, de vibrer en volonté de partage sans calcul et dépourvu d'artifice, ou de superficialité, procure durablement un sentiment de vraie puissance et de satisfaction de l'être, quand bien même nous sommes encore de véritables êtres humains dans leur définition ontologique et primordiale.
Car, l'être vrai a pu croiser également bon nombre de ces inhumains, se disant à la renverse de la société, « contre l'argent », « contre les manipulations », etc, néanmoins ces pires traîtres à la joie n'ont que la compétence macabre de faire miroiter une relation enjolivée à des êtres encore empreints de grandeur, et finissent, quoi qu'il arrive, par tomber les masques, et révéler leur nature profonde totalement corrompue qui demeurera avec d'autres démons comme eux.. Les mêmes qui se délectaient jadis dans des exécutions publiques extrêmement sanglantes, loin de tout honneur, se délectent de nos jours dans la souffrance directe ou indirecte de leurs semblables et dans

des stratégies froides de téléguidages des esprits des autres en fonction des intérêts du moment.. Ces ennemis de la joie, me semble t-il, composent la majorité des êtres humains de notre époque. Une joie immuable, dépassant les aléas de la dureté de l'existence sur terre, embrassant les épreuves, dans la communion d'être à être, ne pourra se régénérer qu'après une intervention de Dieu sur Terre ! Tellement que le pouvoir satanique est omniprésent, je ne vois qu'une telle solution dans la perspective d'une rédemption et d'un retour de la puissance de vie, c'est la Révolution mondiale, ou au moins locale et individuellement coalisée afin de goûter ce rare fruit de la vertu d'émancipation et de destruction de l'adversité maléfique. Peut-on espérer que lors de ces phases de révoltes, et de retour de la vraie altérité, nous pourrions voir pousser de nombreux vrais amours et de vrais amitiés impérissables jusque dans la barricade ou dans la cabane rustique retrouvée après le combat ?.. Ho Dieu, montre nous le chemin ! Pas celui de quelques prophètes, ce temps est dépassé, le temps même des livres dogmatiques est fini.., alors même que certains ont certainement été très mal influencés par Satan déjà durant l'époque antique ; non, c'est le chemin de la flèche lumineuse du regard acceptant son destin et construisant simultanément son sillage par les actions réelles de sa volonté inspirée dans la prière du divin, voilà l'Homme ! L'homme vrai qui te prie Dieu, qui cherche l'équilibre des forces, arborant toute l'étendue de sa diversité et de sa singularité à la fois, sans dogme, sans interdits absurdes, et sans autorisation hyper étendue et corruptrice, et empoignant donc l'épée de Vérité traçant sur le sol et dans les mirages la pure joie de l'ébahissement spontanée et immortel face à la lumière éternelle qui se reflète dans chaque pur moment. Même au milieu de ce monde..

chapitre 5 : L'être et l'Amour

Peu de gens savent de nos jours aimer. Ils apprécient l'intérêt uniquement sexuel, ou l'intérêt financier ou matériel qu'autrui peut fournir, mais Aimer jusqu'au fond des tripes, aimer jusqu'à découvrir sans cesse la nouveauté du corps et de l'esprit de l'autre, très peu de gens en sont capables.. Et peu d'humains ont par conséquence la faculté spirituelle de se connecter à la divinité du vrai vivre afin d'attirer à soi l'autre âme correspondant en tout point à sa propre essence d'être.. Nonobstant un homme aurait toutes les qualités du bel ange et de la puissance d'être, dans ce monde satanique, il peut être marginalisé en outre par toute une masse du sexe opposé qui ne recherchent que des pourvoyeurs de confort ou des laches à soumettre comme homme objet du féminisme.. Ce même féminisme qui a mis les femmes au travail afin de les exploiter, et de diviser encore plus les familles déjà clivées par les anciennes civilisations.. Aimer d'Amour n'est pas une question d'âge, car un homme de 35 ans peut aimer une femme de 65 ans, comme une femme de 25 ans peut aimer un homme de 50 ans, ou bien deux êtres d'un age similaire peuvent s'aimer aussi. En fin de compte, nous sommes tous sur Terre pour quelques décennies, mais l'âme de celui ou celle qui n'a jamais fermé ses portes au véritable Amour ne vieillit jamais. Deux êtres qui s'aiment pourraient donner leur vie l'un pour l'autre, pour sauver l'autre d'un péril imminent, et ces deux êtres se manquent l'un à l'autre quand ils ne sont pas ensemble, et

magnifient en outre chaque seconde passée en coexistence..
Deux êtres qui s'aiment sortent des schémas standardisés du matérialisme et de la primaire reproduction familiale, et ils s'évitent donc ainsi tous les schémas de domination intra-familiale et de perversion narcissique croissante régissant le quotidien macabre d'un nombre considérable de faux couples et relations diverses participant à l'édification de la société hypocrite.. Deux êtres qui s'aiment ne sont pas obligatoirement contraints d'avoir une grande maison luxueuse, une flopée de bambins, ni même tout un tas de regards d'amis bienveillants ou médisants, afin de s'aimer.. Deux êtres qui s'aiment peuvent se contenter du minimum concernant la sociabilité extérieure, car cette sociabilité sociétale leur paraît bien misérable en comparaison du vrai sentiment d'amour, et la relativité d'Einstein s'applique grandement aux heures passées trop vite quand ils sont ensemble à refaire spirituellement le monde et à partager leur érotisme..
Il n'ont en principe pas besoin d'aller voir ailleurs sexuellement, chacun doit tenir sa promesse de fidélité si elle est dite mutuellement, et si par « mégarde » le tel soi disant affront se produisait, alors l'homme ou la femme irait le dire immédiatement à sa moitié et cette dernière s'empresserait de lui pardonner ce désir accompli, car quand on aime on ne gâche pas son amour pour juste une escapade sexuelle épisodique soudainement apparu lors d'une pulsion, on est même capable d'accepter un libertinage partagé et non imposé. Un grand Amour accepte le compromis. Il n'y aurait donc, dans l'idéal de l'Amour, aucune tromperie, aucun mensonge, aucune infidélité, et aucune séparation, car tout serait immédiat et toute promesse d'Amour éternel serait ainsi tenue.
Je dirai que l'équilibre de l'être nécessite un tel contexte. Je dirai comme Antoine de Saint-Exupéry, dans *Le Petit Prince*,

que vivre son Amour est une conquête et ensuite un besoin inéluctable et inaltérable, comme l'indique la citation suivante : *"Mais si tu m'apprivoises, nous aurons besoin l'un de l'autre. Tu seras pour moi unique au monde. Je serai pour toi unique au monde."*

Mais paradoxalement, dans le cheminement cosmique de la véritable rencontre amoureuse, il est sans équivoque que tout Grand Amour ne devrait même pas nécessiter d'apprivoisement.. Tout grand Amour est éloigné totalement de tous les stratagèmes de séduction et de pratiques visant à plaire à l'autre, car l'autre aime déjà la transparente simplicité et l'élégance naturelle de notre propre être épanoui spontanément.. Tout être respirant l'Amour seul et à deux, ne veut aucun mal à l'autre.

Il est certain que si faire du mal, manipuler, mentir, abandonner une personne, etc, était punie par la loi de la même façon qu'une personne qui renverse une autre personne avec une bagnole ou autre déboire du genre, il y aurait que peu de gens sur terre s'adonnant à de telles basses œuvres... Ils seraient attentifs à faire le bien car la loi leur dit de le faire en toute circonstance, et ils feraient attention à leur prochain immédiat à l'instar qu'ils sont très attentifs à bien conduire leur bagnole sur la route.. Car, de toute évidence, dans cette société, peu de gens ont la grandeur d'âme ou l'amour divin nécessaire en eux-mêmes pour s'empêcher de faire du mal, tant qu'il n'ont pas de système répressif leur interdisant concrètement... Peu de gens sont dans le vrai positif, le vrai amour, la vraie amitié, le vrai relationnel, mais, fort heureusement, il en existe encore sporadiquement. Merci la providence ! Je sais que j'en fais personnellement parti, je le sais de ces rares gens Biens véritablement et durablement, c'est un ressenti, j'ai de hautes valeurs et principes, et je crois au karma par exemple qui est une loi métaphysique invisible agissant sur le visible, surtout dans la prière.. Je crois à la promesse donnée, aux paroles que je dis, et je tiens toujours à accomplir ce que je dis comme promesse ou sentiment. Je ressens cette force et cet honneur. Mais combien la ressentent vraiment ?..

Je me souviens encore de mon observation de la nature et d'un lieu paisible, d'un lieu englouti ou démoli, de la contemplation de bâtisses au sein desquelles se sont certainement déroulées des scènes de vie agricoles ancestrales, des scènes de fratries, et de simplicité, avec une forêt en arrière paysage, un lieu où vivait encore une personne avant qu'elle soit expulsée et que le tel lieu soit condamné et fermé par la législation et les juridictions de ce temps là. Un lieu où j'y avais embrassé l'authentique femme issue du plus grand souhait d'Amour que j'avais sollicité auprès du divin.

La nature nous apprends la spontanéité et la vérité. Elle peut déceler de la dangerosité, mais elle est plus belle que dangereuse. Elle est beaucoup plus belle. J'observais ces quelques petits oiseaux perchés sur des branches, qui observaient eux-mêmes en totale contemplation le monde autour ; la création qui est suffisante à elle-même pour leur subsistance, et qui arbore toute la beauté de la lumière de l'éternité et du cosmos. Le soleil annonçait déjà son crépuscule, et je me disais, au milieu d'un tel non-spectacle, que toutes les guerres, tous les conflits, et toutes les destructions de l'amour sont parfaitement futiles et totalement pourries.. Quand je m'émerveillais devant cette grande Vérité, je chuchotais à mon âme qu'à la fois l'impatience des gens et leur bienséance cupide ne servent à rien, voire pire qu'elles ont comme propension immorale à gâcher l'existence des autres rares êtres encore innocents.. Cette spontanéité qui manque à trop, bien trop d'humains actuels..

Quand vous pensez à ces hordes de gens, méchants ou gentils, qui peuvent par exemple jouer à tester leurs congénères, par exemple en recevant un texto, et à faire attendre l'autre personne en ne lui répondant que plusieurs heures ou plusieurs jours après, quand bien même ils l'aurait lu et aurait eu le temps de leur répondre immédiatement. Croyant ainsi qu'il vivront mieux en étant «moins disponible », « pas acquis », en se disant « je vais lui faire comprendre que je ne suis pas disponible en permanence » et toute sorte d'impuretés de la pensée et de stratagèmes bidons qu'on retrouve chez certains « couples » ou des soi disant amitiés. Imaginez une telle scène dans une communauté ancestrale de gaulois, appliquée au réel, si un guerrier passait devant un autre guerrier, lui souriait avec fierté, lui disait de belles paroles fraternelles, et que l'autre guerrier dédaignait lui répondre, lui tournait le dos, et se disait dans sa tête« je lui répondrait bien plus tard.. » . C'est improbable, risible, et soyez certain qu'un tel affront aurait fini en pugilat..
Mais quel manque de respect totalitaire et global a été permis par l'émergence de telles technologies modernes..
Pouvons-nous encore espérer qu'un nombre considérable de ces cerveaux, manifestement sans considération véritable, n'aient pas vu immédiatement ces textos ou que des situations d'autres urgences leur ai fait oublier de répondre dans la spontanéité..
La plupart des gens d'aujourd'hui, au niveau presque mondial, ne sont pas suffisamment dans la réponse spontanée, ni dans l'Amour vrai et durable, y compris dans le fait de tenir leurs promesses. Ils peuvent s'émouvoir devant la TV à propos de gens qu'ils n'ont jamais vu ni connu directement, mourant à des milliers de kilomètres de chez eux, cependant ils feront souffrir des proches juste à coté de chez eux.. Alors qu'on aurait plutôt besoin d'un monde où le vieux principe christique de s'aimer

les uns les autres, dans l'immédiateté, soit mondialisé..

Dans la pure vérité de l'âme et du Bien, quand on dit quelque chose, quand on entre un sentiment dans le cœur d'un autre être, on doit accomplir ce sentiment jusqu'au bout. Quand on aime une personne, on l'aime jusqu'au bout. On ne dit pas « je t'aime » un jour, pour ensuite dire, quelques mois plus tard ; « dégage ! » . Cela est une des pires injustices qui puisse exister, pire qu'un tortionnaire esclave fouettant son esclave.. Car, à la rigueur, ce tortionnaire, lui, il s'inscrit uniquement dans un processus déterminé et historique, même s'il est méchant. Mais celui ou celle qui joue avec le cœur d'une autre personne qui l'aime vraiment, là se manifeste concrètement la plus grande des violences. Autrement dit, comme certaines paroles de Balavoine : quand on connaît un grand chagrin d'amour, toute la misère du monde ne paraît rien à coté.. Alors croyez bien que s'il existe un Dieu et/ou un Karma, il rattrapera celui ou celle qui abandonne injustement l'être qui l'aime..

Dans ce long cheminement des millénaires et des siècles, peu d'humains ont su arpenter le véritable chemin de l'Amour, de la bienveillance guidant tout un parcours d'existence, du guerrier pacifique qui n'attaque que pour se défendre face à un réel danger ou bien afin de détruire la corruption.

Nous, autres hommes divergents de la masse des hommes égotistes se croyant propriétaires du matériel ou même de l'esprit de son prochain, nous, rares hommes vraiment beaux, au dedans comme au dehors, comprenons sinueusement, et parfois avec encore un manque de circonspection pourtant, ce que les femmes font ou pensent.. Et là encore, dans la société, nous devons insister avec force et tendresse à la fois pour instruire autour de nous celles qui auraient encore un désir et une foi véritable en l'homme bon puisqu'il est aussi rare celui-là. Pourtant, comment ne pas tourbillonner d'incompréhensions quand on a connu diverses femmes qui ont choisi de demeurer des années et des années avec des « hommes » qui les ont frappé physiquement, ou voire pire qui les ont utilisé et manipulé psychologiquement pour en tirer un profit macabre ? Comment une femme a t-elle pu « partager » son quotidien 7 jours sur 7 avec un homme bas, terne, froid, et hypocrite, et pourtant refusé par la suite de vivre durablement avec un homme honnête, vrai, fort, et magnifique ?

Que s'est-il passé dans l'esprit de ces femmes pour en arriver à une telle malsaine soumission latente à des comportements intolérables? Comment ont-elle pu pardonner à des monstres, et mis de coté des justes ?.. Est-ce un masochisme pathologique intérieur qui définirait un bon nombre d'êtres féminins les exhortant à vouloir conserver un cocon obscur et « d'aimer » perversement être prises juste comme des sacs de viande ou des jouets à tortiller à souhait ?

J'en appelle à toutes les femmes qui liront ces phrases provocantes, irrévérencieuses face au politiquement correct, certes, et pourtant aussi vraies ! Sortez donc de ce faux chemin, sortez de cette artère bouchée et sombre menant à la démone Lilith. Aimez et demeurez avec le rare homme qui vous aime, ne le rejetez pas par peur de souffrir ou autre bêtise vous ayant habitué à renoncer à la véritable lumière de l'Amour simultanément à la quête de vengeance sur autrui inconnu.. Ne rejetez pas un homme authentique qui vous aime et que vous aimez, car cette action vous conduira tout droit au mal.. Ce mal que trop d'humains reproduise de façon usinière, à la chaîne.. Nous avons le devoir céleste et sublime de briser ces chaînes ! Bien des gens disent qu'on "" ne peut sauver personne", mais je pense qu'au contraire, on doit donner la bonne parole au maximum de gens quand on la sait.. Deux êtres qui s'aiment ne se lassent jamais l'un de l'autre, physiquement et spirituellement ils sont liés.. Ils sont unis dans la sacralité des sentiments sans fin, dans la réciprocité, et composent ensemble un récit digne des épopées télévisuelles sur l'Amour qui vendent du rêve, or, eux, ces deux êtres, ils vivent réellement ce rêve. Ce rêve qui était pourtant une réalité globale dans des temps très anciens, selon le lieu..

Ho oui, une part de mon être voudrait remonter le temps, changer les événements de l'Histoire, abolir toutes les injustices commises par des hommes de pouvoir, détruire même tous ces hommes naturellement laids qui ont produit les choses et richesses matérielles afin d'engendrer la vénalité et s'accaparer sexuellement des femmes, en les achetant au sein d'une fausse sécurité faisant front à l'émergence de la précarité.. Et je chante et rend hommage encore à toutes ces vraies femmes qui ont eu la grandeur d'âme de prioriser la recherche de l'Amour et de la Vérité, loin de la sécurité matérielle et de la simple reproduction de la chair.. Car se reproduire ne signifie rien si cet acte n'est pas réalisé au sein d'un consensus de vérité, d'Amour, d'érotisme réel, et de puissance de vie. Et osons le dire, par chagrin d'Amour - insondable pour l'esprit qui n'a jamais vraiment aimé- beaucoup d'hommes ont osé bravé le sacrilège du suicide, puisque perdre la femme aimée qui leur a fais croire à l'Amour fut vécu par eux comme pire que la mort et pire que de continuer à vivre pour simplement subsister ou côtoyer des piètreries généralistes.. Combien de femmes se sont suicidés par chagrin d'Amour ? Très peu.. La plupart des femmes, notamment dans la civilisation du paraître, sont visiblement en dessous de l'Amour.. Et comme disait Jacques Brel, dans une interview en 1971 ; «Je crois que j'aime trop l'Amour, que pour beaucoup trop aimer les femmes.. Les femmes sont toujours en dessous de l'Amour, de l'Amour dont on rêve. Et comme je suis assez romantique, ou sentimental, je ne m'en cache pas du tout, la femme est un peu à coté de l'Amour. ».

Aucun discrédit total sur les femmes, bien évidemment, et la bienséance confirmera également que des hommes asservisseurs ou esclavagistes ont été eux aussi carrément à coté de l'Amour.. Néanmoins, par expériences personnelles, j'affirme avoir donné Tout mon être à certaines femmes, notamment à celles qui m'ont proclamé les mots suivants : « Tu es l'Amour de ma vie » « tu es meilleur que tous les autres.. », « tu es un rayon de soleil » « tu es mon Ange », des affirmations en outre introduisant un syllogisme paraissant rigoureux et indestructible dans leur âme. Pour dire de telles phrases c'est que leur bon fond intérieur ont su totalement identifier le personnage particulier et l'émanation divine qui sort de moi-même, une émanation de profusion primordiale encore rayonnant d'un autre temps.. Malgré cela, ces femmes m'ont, du jour au lendemain, ou après une idée corruptrice de longue haleine, abandonné et mis de coté comme si je n'existais plus.. Qui a t-il de plus cruel que de voir de tels êtres, capables de percevoir des émanations divines, et ensuite de pourtant les rejeter...

Ces mêmes femmes qui m'avaient avoué avoir été attachées pendant des années à des hommes froids, machos, sans érotisme véritable, qui étaient là que pour leur cul, qu'elles le sentaient.., elles leur avaient pardonné des agissements très graves, ces lascards n'ayant d'ailleurs aucunement pleuré pour elles lorsqu'elles ont fini par les quitter, et pourtant ces mêmes êtres féminins m'ont mis de coté ou bien ont eu la facilité d'esprit de remettre en question notre relation, et surtout ainsi de bafouer l'honneur du vrai Amour d'un homme rare qui ne se trouve pas à tous les coins de rue de cette société malade..
Même, elles m'avaient avoué avoir été dans leur vie, leur

meilleur amant.. Toutes les causes de légitimisation de rupture ont été légion, des taches ménagères, à la montre, en passant par certes quelques maladresses de trop de mes paroles incisives au sujet de la remise en cause de certaines aliénations de ces dames, qui pourtant était justement dans un but divin de les aider vraiment car l'Amour le plus vrai est en moi.. Pourras-ton très justement rajouter que parfois un age avancé féminin qui aura sciemment enduré les brimades d'hommes froids se sera emprisonné en outre dans une très grande difficulté à ensuite voir et faire vivre durablement le vrai amour avec un vrai Homme..

Je me souviens encore d'une ex bipolaire qui m'avait dit concrètement, après une crise qui se déroulait dans son esprit encore tous les deux mois, que j'aurais « été là avec elle que pour le sexe » car même dans sa maladie (héritée certainement de sa noirceur durable, de malheurs et d'injustices vécues du passés, et du mal qui lui était revenu dessus de façon karmique suite au rejet et au mal qu'elle m'avait fait dans les tréfonds de mon âme..) je désirais ne serait-ce que conserver un érotisme basique de simple caresse.. Je lui avais répondu que mon physique d'ange fort justement me permettrait si je voulais de fréquenter 2 ou 3 maîtresses, mais que je ne le fais pas car justement je tenais à elle... Dans les 10 minutes qui suivirent, elle avait fait mon sac et l'avait jeté sur le pas de la porte, en me menaçant très concrètement d'appeler les flics si j'insistais pour lui parler... Et moi, l'Ange, j'ai pardonné à cette femme, je l'ai même aidé pour un service quand elle m'avait rappelé, et ensuite je fus de nouveau rejeté même pour de l'amitié... N'est-ce pas là l'oeuvre d'une démone ?.. J'ai même entendu une autre ex, il y a des années de cela, insulter carrément Dieu, quand je lui présenta solennellement lors de sa rupture voulue par son âme obscurcie par la quête de reconnaissance familiale et matérielle, « je n'étais qu'un smicard » pour sa famille, et donc n'est-ce pas là encore une œuvre en dessous de l'Amour comme dirait Jacques Brel ou comme dirait d'autres auteurs romantiques ou philosophes d'Ancien Régime ?.. D'où provient ce excentrique hiatus d'un grand nombre de femmes ? Car tout être véritable sait que l'Amour, issu du pur esprit, n'a besoin d'aucun subterfuge, n'a besoin d'aucun soin dogmatique, n'a besoin d'aucun ordre obtus, et fera tout justement pour conserver, préserver, aider, et vouloir perpétuellement la présence de l'autre.. La présence de cet Ange.. Faire souffrir cet être merveilleux en l'ostracisant, alors que lui vous aime, est la plus profonde des scélératesses envers la vie..

En Vérité, je vous le dis, même si ça peut choquer, en rejetant l'Ange rare, en amitié ou Amour, et surtout en Amour, ce visage dont il est visible qu'il n'est pas comme les autres, elles ont ainsi signé un pacte direct avec l'Obscurité.. Rejeter un Ange qui pleure de ce rejet, de son Amour bafoué, c'est comme si une femme poignardais Dieu lui-même., et il ne perpétue jamais son règne sans réponse.. Car, de surcroît, si la vie n'est pas ultime Amour, elle n'est que manger, dormir, promener en consommateur déambulant, et mourir à petit feu dans la solitude du faux accomplissement personnel.. L'Amour est le besoin ontologique et naturel le plus évident dans l'accomplissement d'une vie pleine et entière. L'Amour ne peut que dépasser les défauts maladroits ou parfois un peu égotiste de l'autre (car pour conserver une force au milieu du monde des esclaves soumis, ne faut-il pas avoir un peu d'égo équilibré), Ange ou pas Ange, Homme ou femme, et l'Amour une fois proclamé, une fois qu'il a été dit « je t'aime », ou « je resterai avec toi pour toujours » à la personne qui a été trouvée et qualifiée comme vraie et indubitablement bienveillante, il ne peut être détruit sans conséquence.. L'Amour proclamé, dans la

promesse inaliénable et réciproque, face au divin, je le redis face au divin, quand deux êtres se sont choisi, ne peut être rompu, et si l'un le fait, par corruptibilité évidente, ce choix amènera une conséquence désastreuse et visible par la suite sur le temps long ou à moyen terme.. Nous ne sommes pas que des êtres de chair, nous sommes des âmes, et ces âmes ont un devoir d'Amour, et surtout de préservation de celui-ci dans la communion sensorielle et au-delà du temps. J'écris ces lignes, avec Devoir, devoir non pas patriotique ni soumis à des hiérarchies de domination sur Terre, j'écris cet avertissement à toutes les femmes dont jai perçues les arcanes spécifiques, mais aussi aux hommes, à ces êtres masculins, reniant ce qui en fait en particulier la force, qui sont cependant capables d'agir parfois avec davantage de cruauté consciente ou inconsciente..
L'Amour détruit le passé, l'Amour vit le présent, l'Amour n'a pas d'avenir à trop prévoir, l'Amour est la transcendance de vraie vie. L'Amour, j'ose le dire, c'est aimer jusqu'à pouvoir en mourir, aimer même, au milieu de toutes ces avides Lois, même face à tous ces préceptes et règles canonisées du système de l'administratif tortueux et insipide, justes bons à garantir les bassesses les plus effroyables de nos maitres satanistes..
L'Amour c'est vouloir d'autant plus, si l'occasion se présentait, de tuer objectivement les monstres, car n'est-ce pas une complicité mal placée que de vouloir pardonner l'impardonnable, et pourtant, parallèlement à ces faits, se permettre de tuer à petit feu les êtres angéliques foncièrement très rares de cette planète.. Ho oui, l'Amour, il est constamment labouré, mais peu de gens savent vraiment le cultiver..
L'Amour est plus fort que l'imperfection de l'être humain même angélique, ce sentiment immuable traverse les marais obscurs de l'esprit, il donne de la Force.. Il est Puissance d'existence incommensurable aux antipodes de la recherche du conflit, il

annihile le conflit, et il veut détruire son départ même quand l'être sait y avoir un léger tord ; il veut la concorde du corps et de l'âme, à n'importe quelles strates chronologiques de l'existence terrienne.. L'Amour est une condamnation de vraie vie, comme l'aurait dit pourtant un tel Marxiste du nom de Francis Cousin, fondant ses préceptes sur l'être générique. L'Amour est une transfiguration, une transcendance, et quand on aime un être vrai on devrait se sentir honteux ou pleurer ne serait-ce qu'envisager une rupture. car la dite non présence de l'être aimée deviendrait insupportable et constituerait même une voie sans issue, un mur de destruction massive de l'âme et du cœur. Quand on aime, on devrait dire « Je t'aime comme tu es, tu es merveilleux ou merveilleuse, je sais ta valeur, je te pardonne tes imperfections, et je sais qu'on sera toujours ensemble »., et bien évidemment tenir ces paroles dans son cœur et n'y déroger sans aucun prétexte..

Si l'autre meurt, tu meurs, c'est la base même de l'altérité amoureuse, si tu détruit l'autre, tu es détruit également.. S'il pleure, ça te fait pleurer.. Donc si tu l'abandonne, tu seras abandonné, pas par lui, car un être véritable, donc angélique n'est pas capable de provoquer un tel sacrilège à l'existence, mais par la substantialité nécessaire à l'équilibre de l'être qui submerge l'être par un rayonnement cosmique. Et bien pire, un être en apparence avec des paroles vraies, qui critique d'autres êtres moins vrais, mais qui accomplit lui-même une telle injustice ne peut que finir dans les bas fonds spirituels irradiant la planète de leurs restes de rituels des élites pedo-sataniques ou des acteurs obscurs des paralysies du sommeil.. Puisque détruire un être qui vous aime, en l'ostracisant, en le rejetant, en le dégageant presque à coup de pieds dans le cul pour parler crûment, après lui avoir dit que vous même vous l'aimiez, donc détruire ce serment, de là viennent les passages au coté obscur chez les plus faibles de ces pauvres êtres abandonnés risquant de reproduire le mal, la chaîne du mal continue, et surtout, vous accomplissez un rituel satanique à l'image des sacrifices rituels égorgeurs de bébés ou d'enfants.. Car en brisant l'angélique, vous brisez une parcelle divine. En brisant une parcelle particulière et divine, vous brisez de l'innocence, et vous vous condamnez donc vous-même.. Tout le monde en ressort brisés..

Détruire l'Amour est le pire fléaux de l'existence.. Aucun matériel, ni argent, ni achat compulsif, ni geste poli, ni met gourmand servi à un SDF ou à un animal, ou même plan cul ou autre déboires du genre, ne saura rattraper ontologiquement la destruction de l'Amour. Mais cette société ho combien perfide et insidieuse sait en créer de tels faux êtres.. Les plus dangereux, les plus profanateurs de la joie et de l'Amour, ces êtres qui savent se montrer « joyeux » par exemple, et même incontestablement intronisés par des multiples connaissances sur l'Amour, sur la fraternité, qui diront « un tel est faux, un tel humain est mauvais », qui s'adonnent à des câlins spontanés (avec un couteau invisible dans le dos), se disent « ton frère guerrier », ou « ton âme-soeur », cela dit, du jour au lendemain, et c'est une de leurs caractéristiques fondamentales et terribles; il trouveront le moindre prétexte, le moindre défaut, le moindre arrangement psychologiste, avec des justifications en veux-tu en voilà, pour prononcer : « va t-en » « je ne veux plus de toi dans ma vie », « jai trop souffert comme bouc émissaire » « finalement, je me sens mieux seule », etc. Et bien sur, ils continueront leur chemin sans Amour, juste dans la survie et les fausses joies factices.. L'Amour, au delà du contexte amoureux, est très vaste, et là est était un exemple dans les lignes précédentes..

Détruire donc l'égo pour vivre l'Amour dans l'empathie la plus pure est le but ultime.. Voilà le summum de l'accomplissement de la destruction de l'égo conflictuel intériorisé, et l'épanouissement totalement réalisé de l'âme existant pour l'autre avant soi-même et pour soi-même, dans l'union sacrale au-delà de l'existence simplement physique mais pourtant si nécessaire, mais simultanément à dépasser.., qu'il faudrait incruster dans les âmes de tous ces êtres à demi ou pleinement perdus de cette civilisation..

L'Amour ne se vit pas seul, il se vit dans la communion ultime de deux êtres, masculin et féminin, dans le pardon christique, dans la compréhension de l'autre, dans un certain même sacrifice vertueux et réciproque face au monde, il est sacré, il est droit, il est fort, il est extrémiste face au mensonge, il est vérité de toutes les vérités.. Homme ou femme, on a tous ce devoir divin..

La solitude est l'antithèse de l'humain. Un ermite, dans la nature, vivra l'antithèse de l'amour. Il sera même aigri quand il rencontrera un humain même s'il arbore une facade de joie factice et de recomposition sociale, la nature étant à la fois belle et dangereuse. L'humain est naturel mais il dépasse la nature.. Si demain, un gabian vient à votre fenêtre pour gueuler toute la nuit, vous en aurez vite marre.. Dans la nature, les animaux sont imbriquées dans une linéaire logique cyclique et reproductive, même si certaines espèces sont tout de même capables de tendresse, et agissent de surcroît par simple intérêt de survie, même dans la beauté visible. L'amour humain solitaire n'est donc pas le vrai Amour, car il n'y a que la rencontre d'altérité amoureuse authentique et érotique, en lien aven le naturel tout en le dépassant, qui fait l'Humain. Ce dont ne sont pas capables les animaux. L'humain a un destin particulier, hormis peut-être dans la modernité où un jour quelqu'un peux vous aimer et demain vous rejetter, même des amis. Même cet amour fraternel, tant encensé par un nombre considérable de détracteurs et insatisfaits de la rencontre amoureuse, n'est plus globalement aussi puissant que dans des temps anciens. Prenons pour exemple les grandes épopées de héros grecs antiques, quelles que soient leurs aliénations de maîtres esclavagistes déjà dans le cheminement du pouvoir oppressif, qui, en dépit de cette terrible réalité, étaient des guerriers pouvant se battre jusqu'à la mort à coté de leurs acolytes. Sans doute qu'une bisexualité magnifiée les ont aidé à cela, peut-être même que celle-ci était davantage créatrices de liens indéfectibles entre humains par rapport aux amitiés actuelles.. Souvenons-nous de l'exemple d'Alexandre le Grand et de son ami Hephaistion. Les Celtes en savaient visiblement aussi quelque chose.. Encore une autre injustice moderne se trouve dans le fait tangible que les femmes bisexuelles sont mieux acceptées dans le giron populaire, dès lors qu'elles peuvent en parler librement dans les conversations de table, c'est vérifiable y compris dans les films érotiques, tandis que les hommes bisexuels doivent souvent vivre une bisexualité dissimulée à leur entourage et beaucoup plus discrète, alors que ces traits de signifiance de l'être ont pourtant existé depuis l'aube de l'humanité. Mais l'homme vrai sait que son propre équilibre se trouve dans l'accomplissement concret de ses désirs tout en sachant accepter les périodes se sécheresse et de repli spirituel avec lui-même, il sait ainsi se propulser lui-même dans les circonstances qui viennent à lui, en adéquation avec son système de valeurs. Là aussi l'homme a souvent été davantage incriminé, comme dans des temps républicains récents où le simple acte homosexuel même épisodique était injustement et macabrement puni d'amendes et de prison, à l'instar d'anciens régimes qui eux poussaient jusqu'aux dégueulasses exécutions publiques dans des grandes villes.. On fut bien loin des tribus ancestrales là aussi, mais on comprend bien les jacqueries paysannes émanant des campagnes qui, au delà de diverses revendications, étaient pourvues de sacralité dans l'espoir de l'émancipation.. La seule grande loi universelle est celle du respect de la dignité d'autrui et le consentement mutuel en lien avec la vraie moralité et le désir commun.

Un animal demain mangera donc son prochain si cela est nécessaire pour survivre, alors qu'un humain conscient ne s'adonnera pas forcément à une telle tache désoeuvrante et préférera faire le choix de mourir.., à l'instar du choix qu'on fait certains rescapés du crash de l'avion du vol 571 en 1972 dans la cordillère des Andes, où certaines personnes qui étaient avec l'équipe de Rugby ont préféré se priver de nourriture jusqu'à en mourir plutôt que d'accepter de se livrer à de l'anthropophagie sur certains de leurs camarades déjà morts.. Historiquement, un tel choix d'abnégation totale et de conscience divine n'est fait que par une minorité d'humains..

Un véritable humain tient une promesse, un animal n'en a même pas conscience, excepté peut-être le chien qui demeure avec son maître même dans la détresse.. L'humain qui ressent est stable et constant dans ses sentiments et sa force d'être. Observer la nature est majestueux selon le contexte.. Autant l'humain que les animaux sont à respecter, dans un vrai monde, néanmoins c'est l'âme humaine véritable qu'il faut encore davantage préserver.

Ce n'est pas inéluctablement le cas, mais il est évident que pour connaître un gigantesque Amour, un coup de foudre radical ; une de ces rares histoires d'Amour vraie et sans remise en question qu'elle que soit la situation, il faut sortir hors de sentiers battus de la quotidienneté capitaliste..

Je pense là à cette ville de Sète, cette ville où j'y ai à la fois rencontré deux grands Amours dans ma propre vie avant et après ce souvenir là énumérés ci-après, mais dont les esprits féminins étaient encore trop aliénés et recherche de souffrance pour vivre l'Amour éternel..

Cette ville où j'y avais aussi rencontré un ami en quête de changement sociétal . Mais dont l'esprit, même si voulant un changement de paradigme global, au nom de l'épanouissement « général », a été tout de même capable de jalousie à mon égard et d'une certaine forme de dédain quand mon être a su arpenter un chemin d'évolution de plus grande puissance et de volonté créative.

Mais aussi j'ai le souvenir de ce jour, où je marchais le long d'une rue particulière, voyant un couple assis aux abords d'une banque, avec un bol posé au sol et une petit affichette exprimant ceci :

"Pour notre éternel voyage, à votre bon coeur ! "".

Je ne pus qu'être inéluctablement attiré par un tel slogan non marchandisé, je donna certes une pièce à ces deux bougres amoureux, et je leur posa une question sur la signification de leur affichage. C'est la femme qui me répondit « qu'ils vivent dans un petit voilier, qu'ils accostent selon la saison dans tel ou tel port, telle zone, et qu'ils font clairement la manche pour acheter de quoi manger, et sinon ils faisaient quelques saisons de boulot par ci par là pour payer les autres frais.., mais pas toute l'année, car ils veulent avoir le temps d'être dans leur Amour de vie, et ils vivent simplement avec l'essentiel.. ». J'ai ressenti immédiatement que je parlais à ces rares résistants de la société.. Ces puissants êtres, certes devant subsister encore avec de l'argent tant que l'insurrection mondiale n'a pas eu lieu, toutefois ils étaient de ces êtres qui peuvent dire, avec un regard et un sourire plus qu'authentique, qu'ils '"sont"" donc ""je suis"". Je suis dans l'Amour.

Et eux ils l'étaient à ce moment là, et depuis des années.. Ils étaient de ces êtres responsables adultes, et innocents à la fois, de ces enfants dignes des communautés de vrai existence.. Même sans descendance, ils vivaient le devoir divin de vie dans l'Amour vrai. Ils disaient eux -même d'ailleurs qu'ils sont toujours heureux, qu'ils comprennent les aliénation de ce système, et même pourquoi la plupart des gens sont divisés, partout, dans les couples, les familles, etc. Nous savions à ce moment là, dans ce moment triangulaire de vérité, que la vraie vie ce n'est pas la quête incessante de conflit ni un recensement de problèmes et de défauts à trouver chez les autres, ni même de solitude, mais la vraie vie consistait clairement à vibrer en lumière de vérité et d'Amour, donc d'être dans la compréhension perpétuelle et de cheminement ensemble quoi qu'il arrive. J'espère de tout cœur que Dieu les a protégé des démons.. De ces démons invisibles ou du passé trop présent dans le cerveau qui exhortent des femmes se disant amoureuses pourtant d'un vrai homme, à faire une « rupture passagère » ou une « pause » dans le couple, ou d'hommes employant divers stratagèmes pour « reconquérir », alors qu'il n'y a rien à conquérir quand on existe en conscience et directement, on s'annonce en tant qu'être, et l'autre nous accueille avec complémentarité.. Le vrai Amour est constant, il n'y a en principe aucune rupture ni pause.. Peut-on encore prier pour ces êtres qui se laissent embarquer dans cette obscurité.. Le pire des sentiments d'abandon et de rejet s'installe dans le cœur de celui à qui cette « pause » ou rupture déguisée est imposée par l'autre.. N'y a t-il pas une forme insidieuse de domination en cela ? Et bien des Amours à sens unique sont caractérisés par ces « rupture partielle » promulguées par le personnage n'aimant visiblement qu'à moitié.. Étant donné que quand on aime vraiment, on ne veut aucun éloignement de la personne aimée.. Que d'esprits perdus.. Abstenez-vous de dire « Je t'aime » , « Tu es l'Amour de ma vie », ou d'autres phrases signifiant un amour éternel, à un homme ou à une femme, si vous envisagez un jour de faire une pause ou rupture.. Car en faisant souffrir le cœur de celui ou celle qui vous aime authentiquement, vous produirez en outre une des plus grandes injustices sur l'âme humaine.. Un chagrin d'Amour peut conduire à des suicides, à des déchéances existentielles bien pire qu'une mort accidentelle ou de victimes de guerre.. On a tous, les êtres humains, la responsabilité des sentiments qu'on met dans le cœur d'une autre personne, notamment par le mot « je t'aime », qui nécessite l'accomplissement de vivre réellement en présence de l'autre et, je dirai plus amplement, avec cet autre durant toute notre vie...

Comme dirait d'ailleurs Antoine de Saint-Exupéry : « *Tu deviens responsable pour toujours de ce que tu as apprivoisé* ».

N'oubliez pas que l'être d'équilibre est dans la Vérité, il ne manipule pas, il ne change pas d'avis selon ses propres arrangements égoïstes, il est pleinement dans l'authentique sentiment, et il veille à arborer un véritable enracinement karmique.

J'espère aussi qu'un jour je pourrai rencontre mon âme-sœur qui voudra arpenter un tel cheminement, ou quand j'écris ces lignes l'ais-je déjà rencontré ? Le doute m'envahit quand elle m'annonce pourtant une pause et ensuite une rupture, qu'elle doit se « reposer », coincée encore dans son passé tumultueux avec des lascars et ex pervers narcissique.., malgré tout l'Amour et la tendresse que je lui donne, alors qu'elle disait m'aimer jusqu'à la fin de ses jours.. A l'opposé du doute existentiel précédent, j'affirme dans ces lignes que non, ce n'était pas mon ame-soeur car si tel était le cas, il n'y aurait eu aucune fin de relation..

L'Amour authentique va au-delà de l'égo, de qui a tord ou

raison, et il outrepasse avec détermination les détails de différences individuelles, car tel est le chemin de la paix partagée et de l'Amour au-dessus de tout et renouant avec le grand Tout existentiel. Le passé ou une relation mauvaise ancienne ne doit pas durcir le cœur et surtout ne pas altérer la durabilité d'une vraie relation postérieure, car, de cette façon, la personne endurcie dans sa solitude laisserait ainsi gagner les gens mauvais qui l'ont en partie anéantie. Dans un vrai Amour, les deux protagonistes s'aiment davantage de seconde en seconde... Eckhart Tolle, l'auteur du livre best-seller « Le pouvoir du moment présent », disait dans une interview que la clé d'un Amour est l'élément transcendant présent chez les deux êtres. Sans cela, c'est le mental qui prendra le dessus et il exhortera à être dans la critique, les faux jugements, de voir des négativités chez l'autre, et cela pourra conduire inexorablement à une chute de la relation. Le respect, la tendresse, la positivité commune, et surtout l'élément transcendant presque inexplicable sont essentiels à la pérennité d'une vraie relation d'Amour. L'Amour pardonne les erreurs quand il sait le cœur profond, et il est dans la réciprocité de compréhension que, quoi qu'il arrive, deux individus auront des différences et qu'il faut les accorder.. Le but ultime de la vie humaine est la véritable rencontre amoureuse, qu'aucun matériel ni fric ni subterfuge consommatoire ne pourra remplacer, et cette rencontre était d'ailleurs le socle de nos lointains ancêtres comme le disent des auteurs, sans subterfuge, sans drague, ni jeux de rôles, mais uniquement dans la vérité directe. C'est donc une addiction à l'Amour que les gens devraient vivre, et pas des fausses addictions à des drogues, des clopes, de l'alcool à outrance, ou d'autres dérivations aliénatoires.. Je lance donc cet avertissement, si vous dite « je t'aime » soyez sûr d'aimer et de ne jamais abandonner la personne si elle vous traite bien..

Briser le cœur d'un être vrai, tout en le reléguant aux oubliettes, est la pire des injustices, punie par Dieu. C'est valable autant dans l'Amour conjugal, que dans l'Amour fraternel entre amis, ou dans les familles, etc.

Tout chrétien ne saurait exhorter à l'accomplissement d'un cheminement de bandit ou de vol de quelque sorte que ce soit, mais force est constater que c'est souvent chez les êtres atypiques, à contre courant de l'étatisme de la marchandisation ancienne ou récente que se trouvent les couples les plus unis dans un Amour puissant. Le couple mythique Bonnie and Clyde en sont un exemple éponyme, unis jusque dans la mort dans leur quête anti système.. Qui a t-il de plus puissant que cela ? Qu'un Amour puissant, cet amour certes qui a tué des protagonistes du système, mais qui a su vivre jusqu'au bout l'idylle véritable que bien des consommateurs non violents de la société espéreront encore et toujours dans des films.. Dieu ne donne t-il pas l'Amour vrai à celui qui ose s'insurger réellement contre la société des élites sataniques ? .. A mon humble avis, il permet la rencontre d'Amour soit aux rebelles authentiques soit aux chrétiens indéfectibles étant rebelle à leur façon même pacifiquement dans la société..

Je persiste aussi à croire que l'Amour, le plus authentique qui soit, est aussi possible chez les couples qui se sont rencontré jeunes, notamment quand la femme était vierge et a connu son premier homme et est resté avec lui. De façon tangible, et c'est vérifié scientifiquement et statistiquement ; plus une femme a accumulé de partenaires sexuels, plus elle aura du mal à tomber vraiment amoureuse d'un seul homme pour vivre avec lui tout une vie. Les tableaux de statistiques américains des « Family studies » mettent très clairement cette situation en exergue, en prenant des statistiques allant des années 1970 à 2010. Jadis, les couples durables étaient légions, car le but n'était pas d'accumuler des partenaires, à la manière d'objets de consommation, mais de fonder une vraie relation stable et de transcendance divine à la manière de Charles et Carolines Ingalls dans l'histoire vraie de la Petite Maison dans la Prairie (unis jusqu'au bout dans la joie comme face aux injustices..), alors qu'au fil des décennies, on observe une lente et croissante évolution du nombre de séparations en lien avec le nombre de partenaires sexuels qu'une femme a eu, et force est de constater que le divorce ou la séparation est l'acte majoritaire des femmes et non des hommes..

Les hommes ont une perception différente, ils pourront en outre tomber facilement amoureux d'une femme, même s'ils ont fréquenté plusieurs femmes antérieurement à la relation, alors qu'une femme c'est l'inverse.. Elles sont plus émotionnelles dans l'indécision, elles comparent beaucoup les divers types d'hommes et les relations vécues, elles ont davantage de traumatismes émotionnels et reproductibles dans le temps à cause de mauvais gars qui auraient pu les maltraiter, etc. Et puis, physiologiquement en lien avec l'esprit, une femme devrait réserver la possibilité pour un homme d'éjaculer en elle, sans préservatif, uniquement à l'homme avec qui elle a enfin trouvé l'Amour véritable, ou bien son premier homme avec qui elle reste durablement ou à vie. Effectivement, les femmes gardent manifestement en elle la mémoire génétique du sperme qui a transité en elle.. Imaginez donc un vagin qui aurait contenu 40 ou 50 spermes différents... Un esprit féminin s'étant fait imprégné par des génétiques dont des hommes défaillants et mauvais.. Par delà les schémas du politiquement correct, dans une époque d'inversion et de fin de civilisation décrite dans le Kali Yuga, voir venir des femmes masculinisées, cherchant les très nombreuses « conquêtes », fait tressaillir l'esprit de vérité. Ces femmes masculinisées, issues de familles d'ailleurs fréquemment mono-parentales, n'ayant pas connu le père ou ayant grandis avec l'éducation d'un père faible, ou ayant connu un traumatisme très grave dans leur enfance, sans équilibre dans la promulgation de leurs vertus féminines.. Les hommes féminisés à outrance aussi dans leur mental, ont connu des schémas similaires, avec d'ailleurs souvent une primauté de l'emprise de la trop grande probation de la mère dans tous leurs faits et gestes de l'éducation moderne..

Car, je parle par expérience, pour avoir connu des femmes jeunes et plus vieilles, et je peux affirmer que c'est la femme assez vieille qui a eu trop d'amants de mauvaise qualité qui est la plus perdue, perturbée psychologiquement à coups d'anxiolytiques ou de psychanalyse, solitaire, dans une « guerre des sexes », dans la non satisfaction de l'altérité masculine vraie sur le long terme avec un vrai mec, et qui rejette donc la possibilité durable d'un véritable Amour. Il ne lui reste le plus souvent, par manque d'une prise de conscience, qu'un hygiénisme sexuel faussement diversifié avec des lascars autant perdus qu'elles et non plus l'Amour..

Cela n'est pas un jeu, c'est une réalité.. Cela a des conséquences.. On peut avoir connu, par ci par là, des couples durables, libertins, libérés sexuellement ensemble, mais ils sont tout de même rares dans la société et il faut une force mentale adéquate pour un tel contexte ou bien vivre dans une communauté naturelle remplissant globalement les vraies altérités. Le mieux est le couple durable, dans la chimie sentimentale et sexuelle, et le jeu joyeux, et qui admet la possibilités de quelques escapades sexuelles tout au long de la vie, mais que la femme s'empêche de recevoir le sperme autre que son propre homme dans son vagin. Le préservatif ancestral est un outil utile dans cette perspective.

La véritable force de deux êtres dans l'Amour se résumerait

donc en un couple, dans l'équilibre de leur perceptions et de leurs désirs, dans le respect de leur parole donnée, dans la volonté de faire face ensemble à toutes les divisions, et dans la caresse de sensualité qui sera la même du début jusqu'à la fin de leur existence. Voilà la vraie force. Le cœur et l'âme sont la Vérité de l'Amour.

La rencontre vibrante du grand Amour réciproque, physique, et d'âme à âme, qui surpassent toutes les catégorisations et cases, d'homme à femme, est le plus grand accomplissement qui puisse exister sur cette Terre. Il doit être purement fondée sur la communication sensorielle d'âme à âme, et l'érotisme s'en trouve évidemment magnifié. A contrario, cet Amour ne doit pas s'enorgueillir de perpétuelles parties de jambes en l'air, toujours plus performatrices, car tout un chacun sait que le corps humain n'est pas une machine infatigable, et que diverses causes (nourriture mal équilibrée tel jour, stress d'un événement dans la vie sociétale, etc) peut baisser la libido et conduire par ci par là à une ou deux simple nuits basées sur de simples caresses et baisers tendres, même si les corps ont également besoin de libido puissante, de vigueur, de positions farouches, de diversité, et de jouissances ultimes avec éjaculations et orgasmes afin de se sentir également exaltés dans leurs sentiments communs. Il est nécessaire de trouver un équilibre temporel et durable à cette évidence, au sein d'un couple. Chacun doit entretenir son corps et son esprit, manger sainement, ne pas faire d'excès très régulièrement, et conserver un équilibre afin de vivre pleinement la libido et l'Amour. Toutefois, c'est le dialogue du toucher sensuel et du baiser désintéressé qui conduit à un grand Amour. L'Amour ne doit pas être pensé, il doit être ressenti, et conduire à se laisser aller totalement à la réciprocité..

Dans cette épopée amoureuse, la dualité féminin/masculin,

cette différenciation primordiale, s'exprime inéluctablement. L'être humain générique est équilibré, l'homme possède davantage de gènes H, avec une part amoindrie de gènes F, afin de comprendre et vivre en altérité avec la femme et d'être un véritable homme dans sa plus grande acception. Et la femme générique, possède davantage de gènes F, tout en ayant une part amoindrie de gènes M qui font d'elle une femme forte dans sa féminité. Trop d'humains sont sorti, notamment dans la civilisation, de cet état d'équilibre naturel en lien avec le cosmos, et il en résulte donc un cheptel totalement esclavagisé.. L'Amour est notre libération, même au milieu des chaînes de l'oppression, et seul l'Amour peut conduire à l'illumination de l'être. Il doit d'abord exister individuellement en soi, avant de pouvoir mener à la rencontre de l'autre être lumineux, en communion absolue jusque dans l'annihilation de toutes les autres fausses priorités de la société. L'Amour est une contrée infinie d'alchimie des êtres, ainsi qu'une force internalisée insoupçonnée par la plupart des êtres civilisés. Seul l'Amour donne du sens au cheminement d'un humain. Les êtres qui, malgré les obscurités et malheurs que leur ont fait vivre les faux êtres de la Société (fausse famille, faux amis, caramades, etc), ont toujours sû magnifiquement conserver ce substrat d'Amour divin en eux, sont voués à voir leur corps être magnifiés de manière érotique dans le temps long, et d'incarner une beauté que tout le monde regarde, ainsi que de rencontrer tôt ou tard l'autre être qui incarnera lui aussi cette Vérité de l'Amour. J'ose l'avoir rencontré enfin ce vrai amour avec une femme plus vieille que moi mais dont sa jeunesse d'esprit est admirable, dont l'érotisme partagé est superbe, et avec qui je peux tout partager en discussion philosophique, à l'heure où je recorrige ce livre dans la lancée d'une nouvelle édition autoédité.

Au-delà de l'amour entre deux êtres, un véritable être dans son équilibre doit avant tout rechercher l'Amour de Dieu, l'amour de sa substance transcendantale, l'amour de sa propre bonté, l'Amour de la Vérité, et il doit rejeter ce qui est le faux amour de la relation « d'amour » à sens unique, non réciproque, tout en arrêtant les conflits inutiles avec des êtres toxiques ou ultra possessifs. Il doit aussi s'arroger le droit inné et éternel de se défendre face à la tyrannie, quel que soit la temporalité et le caractère institutionnel ou non de sa provenance, même de manière prosaïque face à tout individu malsain bafouant son honneur..
L'Amour vrai, notamment entre homme et femme, ne peut se délecter d'une capote, car à l'époque civilisée il s'agit certes d'un outil utile, mais bien dérangeant et chiant pour bien des hommes.. Le préservatif n'est pas naturel dans notre ancestralité biologique première, et quand tu avance de plus en plus vers la spiritualité et la volonté de naturel vrai, cela pose problème.. Personnellement, à l'heure où j'écris ces lignes, ma dernière copine on n'utilisait aucune capote (certes elle ne craignait plus de tomber enceinte vu qu'elle avait la cinquantaine passée), donc l'Amour était super, naturel, et puis, nous le savons, quel que soit les divergences psychologique de la protagoniste féminine par la suite, de telle ou telle femme, s'il se conjugue une véritable attirance et une profonde synergie dans l'énergie sexuelle entre un homme et une femme -ce qui n'arrive pas avec tout le monde-, même la rupture rupture se profile ultérieurement, la joie et l'éternité de l'Amour seront puissants, et surtout vécu sans intermédiaire, donc dans la puissance, c'est ce que j'ai vécu avec ma dernière copine, sans "préservatif". Et puis, avec certaines femmes, il est vrai, c'est "plat".. Il ya quelques temps de cela, après la rupture avec une copine avec une grande synergie sexuelle, j'ai vécu ensuite une

soirée avec une nouvelle femme, tranquille, et ensuite chez elle, je la comprend, elle a voulu elle, au moment où j'étais fort prêt à "l'assaut commun" dans la joie, que j'enfile une capote, car au delà des risques IST, etc, elle ne désirait pas pas tomber enceinte, mais comme j'étais précédemment et récemment habitué depuis des mois à une relation de couple sans capote, cela m'a coupé dans mon élan. J'ai galéré avec cet ustensile pour retrouver ma force.., donc seules des caresses ont été la source de notre plaisir.. Il faut dire aussi qu'on avait supporté une soirée un peu trop arrosée en alcool, et qu'on s'est mis très tard au lit au milieu de la nuit, la fatigue.. Alors qu'un contexte adéquat est nécessaire afin d'être fort en temps qu'être masculin, nous ne sommes pas des machines de films porno, et je préfère la tranquillité sans avoir trop bu. Divers sites internets traitent de ce problème de la baisse de libido, de la débandade à cause de la capote.. Me concernant, j'y suis arrivé avec la capote par le passé je me souviens, mais ça foire une fois sur deux. Je n'aime pas avoir des chaînes.. Et dire que mon propre père m'avait expliqué qu'il n'a jamais mis de capote de sa vie, à l'époque on te demandait très rarement ce genre de truc.. Et puis, parfois, un homme vibre moins avec certaines femmes, c'est ainsi.. J'avais peut-être d'ailleurs encore en tête mon ex copine avec qui je n'avais pas encore fait le deuil de la relation, qui m'avait quitté injustement après avoir créé des conflits en lien avec son passé toxique.. Mais pourquoi ? Pourquoi a t-elle gâché cette belle joie érotique que nous avions pourtant vécu puissamment ? Pourquoi a t-elle renoncé à cela elle aussi ? Bien des femmes modernes aiment se gâcher la vie et retomber dans la pure négativité.. La propre humanité est d'une telle complexité pour un homme conscient.. Je vous le dis en Vérité, rien ne vaut une véritable relation de couple, où les deux êtres se connaissent bien physiquement et en esprit, sans intermédiaire de latex ou de matière protectrice, et où tout coule de source.. Les couples anciens qui se sont connus jeunes et qui restent ensemble toute leur vie, et dont nous observons qu'ils vibrent vraiment ensemble, ce sont les plus heureux.. Mais de nos jours, c'est extrêmement rare.. Je me rends compte progressivement que j'ai besoin d'être en couple avec des sentiments authentiques et partagés, pour arriver à désirer vraiment, car je suis assez traditionnel en pensée.. La pensée traditionnelle notamment en lien avec le caractère chrétien a besoin d'une puissance érotique particulière entre homme et femme. Voilà un exemple de très bel équilibre de l'être.

Chapitre 6 : L'être et la peur

Avec la peur, on tient là un épicentre à la fois de toutes les tragédies et surgissements de certains bonheurs individuels de l'être humain, car oui ce dernier, le bonheur, ne peut qu'être ressenti qu'au niveau individuel à prime abord, tout en étant authentique quand il est partagé à l'échelle collective et surtout entre deux individus ayant fais le choix conscient et substantiel de vivre une véritable amitié ou un Amour les dépassant eux-mêmes.
Ce ressenti, cette traversée de l'âme, cette émotion profonde, cet anéantissement de volonté de puissance nietzschéenne, tout se résume la peur, instrumentalisée et utilisée par les élites de ce monde afin de dominer les masses laborieuses. La peur d'échouer, la peur de finir à la rue, la peur d'être rejeté et seul, la peur de perdre son boulot, la peur du chômage, la peur de la maladie, la peur d'être jugé, la peur d'être pauvre, jusqu'à la peur ultime de la mort. La terreur intériorisée engendrée par la peur, ce stress oxydatif, composait une facette minoritaire en des temps anciens où on savait qu'on était né quoi qu'il arrive pour mourir et qu'on acceptait une bonne part de destinée divine que ce soit dans les choix comme dans les commodités imposées ou même douleurs de la vie quotidienne. Cela dit, de nos jours, la peur est beaucoup plus profonde, elle est instiguée par les infos télévisées au quotidien ainsi que par la noirceur des relations humaines masquées par des faux sourires, par l'athéisme généralisé, et elle compose le cheminement d'une

certaine masse de la société moderne, où l'individu est coincé entre son désir conscient ou inconscient de liberté naturelle et ses obligations de subsistance quotidienne au milieu d'habitus qui ne correspondent pas au véritable épanouissement de l'humanité.

Globalement, l'individu notamment postmoderne est façonné de façon machinique par la loi de Gabor et les réflexes de Pavlov, il est réduit à n'être qu'un être faussement instinctif obéissant à des schémas qui n'émanent pas de sa libre pensée ou de sa capacité intérieure d'agir en être créatif sur le quotidien, mais il ne fait que produire le monde industriel qui a été édifié par des élites sataniques et pérennisant le capitalisme comme levier de domination supérieure sur la populace. Cela se traduit dans le quotidien : combien, par exemple, de femmes sont de nos jours avec des hommes uniquement par valorisation de la qualité de beauté naturelle et de valeurs indubitablement qualitatives ? Un très grand nombre de femmes choisissent un homme pour sa capacité à produire du fric, son porte monnaie, pour la meilleure nourriture et des voyages.., ses biens matériels, et pour les moyens qu'il lui apportera pour garantir un cocooning pathologique de la future progéniture de bambins coincés devant des écrans de smartphone dès 7 ans (détruisant progressivement leur capacité cognitive et d'empathie), et gavés de cadeaux, et qui voient déjà le monde, à cet âge, comme un sac à main ou porte monnaie à outrance.. Ces gamins qui se retrouvent exponentiellement à combler les rangs des dyslexiques et avec un handicap, à cause de parents immatures qui les considéraient comme des enfants rois, à éviter la fessée pourtant légitime et ancestrale car la société de consommation, leur égérie esclavagiste, leur a ordonné d'agir ainsi.. Le physique et le spirituel viennent en dernière roue de la charrette, alors qu'aux anciennes époques c'était tout à fait la situation contraire. On dit d'ailleurs que les femmes cherchent le « pourvoyeur » ? Cela est d'une malhonnêteté intellectuelle de réduire le monde à seulement cela. Car dans les temps plus anciens – et encore par-ci par là-, cela se vérifie, une femme choisissait avant tout un homme pour sa beauté génétique et physique et surtout pour ses qualités morale, sa force et son courage de protection physique, et pour de vrais sentiments réciproques, à l'instar de ce qu'on peut découvrir en lisant des récits ethnologiques, ou en survolant des anciens textes latins moyenageux. Les femmes vénales sont une marque, à toutes les strates sociales, pratiquement exclusivement de la modernité matérialiste et capitaliste. Et ce qui exhorte donc une femme à quitter un homme tombant au chômage par exemple, c'est la peur de se retrouver matériellement démunie, de ne plus acceder au shopping, ou de finir dans une caravane, et d'être détrônée socialement.. Et cette peur d'être socialement mal considérée les incitent également à vouloir gagner leur propre fric afin de se sentir un minimum indépendante face à la domination du conjoint, tout en désirant au fond d'elles la domination.Il suffit d'avoir connu une panacée de femmes afin de comprendre la pensée qui régit notamment leur sexualité.. Voilà une pensée schizophrénique de la pensée féminine moderne.

On est loin de la simplicité partagée dans un couple d'un tipi amérindien ou même d'une cabane en bois de colons anglo-américains, dont les peurs étaient peu nombreuses en comparaison des innombrables peurs actuelles.. Et l'homme moderne, il court après le meilleur boulot, plus de fric, ou d'une valorisation supérieure, même si c'est au détriment de la faune et de la flore, ou de la vertu, afin de se valoriser pour davantage baiser une ou plusieurs femmes. Peu sont aussi capables de vraiment aimer. Un homme rare le constate également simplement en regardant les expériences de ses amis, et tend à ne pas reproduire ce schéma d'inféodation aux fausses relations.. Je le dis, il s'agit là d'une piètre existence, un homme véritable devrait plutôt se concentrer au sujet des possibilités de devenir meilleur, de grandir en conscience, d'arborer la vraie créativité, et de cheminer vers les lumineuses rencontres. Il devrait s'attacher puissamment à devenir plus fort authentiquement, physiquement et spirituellement pour le Bien. L'homme véritable, en principe, est un être indépendant d'esprit, qui parle peu à la manière de Conan le Barbare et qui dit des phrases soit pour quelque chose d'important, soit pour partager un humour soudain ou une histoire particulière, qui n'a pas peur du froid, qui aime dépasser ses limites comme Bjorn cotes-de-fer, et qui ne fait pas d'une femme le centre de sa vie même s'il peut l'aimer davantage par rapport à une autre et qu'il se sent responsable de sa progéniture. Mais cette époque actuelle, celle de l'inversion des valeurs, et du mysticisme clérical de la marchandisation des êtres, presque tout y est renversé dans une dialectique de récupération politique et socio-économique qui dénature l'humanité à son plus haut point.

Jadis, il y avait bien évidemment des injustices produites par des hommes d'un certain pouvoir, tels que des mariages forcés, ou l'esclavage, et qui résultait du long cheminement aliénatoire des post échanges du Néolithique, mais là encore la virilité et des grandes valeurs subsistaient dans diverses couches de la société, alors que dans le monde actuel des armées de dépressifs et de gavés de consommation, la plupart des anthropoïdes se résignent la tête baissée à n'être que des impuissants. Comme disait Nietzsche, là où il n'y a pas puissance il y a faiblesse. Et la puissance ce n'est pas écraser l'autre, c'est exister en tant qu'individu libre, indépendant, absolument certain de sa valeur, et être capable de force sans en abuser sur autrui, car le seul but de détruire pour simplement détruire est justement une des caractéristiques de l'impuissance. Le puissant battit, coalise, combat avec honneur, fait l'amour, et vit dans la simplicité créative avec les autres. Moi-même qui suit guitariste amateur, j'ai pu apercevoir sporadiquement des parcelles de puissance de ce milieu de la musique dont l'héritage millénaire illumine encore les esprits qui le font vivre.

L'être puissant, donc dans son équilibre, a dépassé la peur de la mort, à tel point qu'il refuserait de se ranger à un futur 4ème Reich voulant rétablir des lois en faveur de génocides massifs visant des ethnies particulières ou des groupes subversifs, préférant la mort honorable dans la vertu plutôt que de participer ou être complices d'atrocités sans nom ; alors qu'à coté une masse de gens de tous ordres (ouvriers, policiers, banquiers, artisans, administratifs, etc) donneraient leur consentement massivement afin de ne pas être eux-mêmes réprimés et aboutir à leur propre mort. Collectivement, dans cet étatisme, une très grande proportion de gens sont des peureux doublés d'êtres stupides et cupides, ou pire, ont un fantasme macabre d'accomplir le mal sur autrui, et ils justifieront d'ailleurs leurs froides actions égoïstes en se référant promptement à la morale ou à la loi en vigueur, alors que le philosophe Kant nous apprenait à contrario qu'une véritable action morale est celle non pas respectant le dogme en place, mais bel et bien l'action qui se trouve aux antipodes de l'intérêt purement personnel. Se soumettre pour survivre ou pour du confort est étroitement associé à l'esclavage, et n'est pas une qualité virile.

L'homme absolument imprégné de sa masculinité n'a pas peur de perdre quoi que ce soit, car comme je l'ai dis il a déjà dépassé l'idée de la mort, et il sait que Dieu existe et qu'il rejoindra ceux et celles qui ont été vrais comme lui dans l'éternité. Un être en équilibre se trouve à la jonction entre sa qualité d'individualité qui veut jouir avec l'autre, et son autre qualité qui combat les autres qui sont corrompus, et avance sans peur (ou en dépassant sa peur), quel qu'en soit les conséquences, et c'est là qu'on touche la positivité vivante. Au delà du narcissisme, il a le souhait de laisser une trace ou des compétences de lui-même sur terre, comme un message généreux aux générations futures. Pensons à ce sujet aux anciens ouvrages signés par des grands maîtres de divers arts, jusqu'aux plus anciennes iconographies de chasses ou de mains peintes des grottes rupestres du Paléolithique où des humains ont voulu laissé une trace d'eux-mêmes dans l'éternité.. On dit qu'on laisse une trace de soi par la descendance, par le fait de mettre au monde des enfants, mais est-ce suffisant pour de grands esprits ? Ou n'est-ce pas justement très souvent ceux qui n'ont pas eu de descendance qui compensent par le fait de laisser une trace d'eux-mêmes autrement sur terre ?

Ce ne serait que justice immanente de songer par exemple à tous ces rares hommes beaux, forts, valeureux, et avec un fort sens de la force et la vertu, qui sont pourtant aujourd'hui moultes fois rejetés par pléthores de ces femmes qui préfèrent s'accoupler avec des lavettes féminisées qui n'ont que l'apparence parfois d'un homme.. Prenons l'exemple d'un youtubeur qui a interviewé récemment des jeunes femmes en leur demandant que choisiraient-elles entre un « mec obèse et riche » ou un « mec musclé et pauvre » ?Toutes ont rétorqué sincèrement qu'elles choisissent le mec obèse mais riche.. Alors que les hommes interviewé répondent qu'ils choisissent la femme belle et pauvre. Cela prouve la dichotomie entre hommes et femmes. La femme ultra postmoderne est davantage attirée par la vénalité et le matérialisme, allant au delà de la simple volonté de vivre de façon minimaliste comme sa propre arrière grand-mère qui elle par contre avait certainement choisi un homme avant tout pour sa beauté comme critère essentiel pour l'avenir de sa descendance.. Est-ce la peur de la précarité qui fait s'imposer un choix de richesse matérielle dans l'esprit des femmes ? Non. Je ne le pense pas, mais plutôt l'influence de la mode, la volonté de consommer, de partir en week-end à telle ou telle destination, et pouvoir dominer un mec lui-même de longue durée soumis à toutes les hiérarchies d'argent et de pouvoir..

Enfin, la complexité de ce monde laisse perplexe, et même les mots ont du mal à traduire explicitement ce qui en résulte. Toutefois, le lecteur ou la lectrice devra analyser et replacer dans leur contexte juste et au fond de leur esprit et âme chaque thème abordé dans le but d'enfin changer au moins à l'intérieur de soi-même..La peur est donc l'ennemi ultime de l'être masculin, car la femme, dans son acception la plus large, aura toujours cette peur.. Regardez dans la rue toutes ces femmes qui réagissent impulsivement au moindre bruit inopportun dans la rue, comme si elles allaient se « faire agresser », cela en est même d'un pitoyable.. Il a existé des femmes guerrières, mais très peu.. La peur est l'ennemi de l'Homme, l'ennemi de son émancipation..

Le film « Apocalypto », réalisé par Mel Gibson, met en exergue une telle splendeur de l'esprit abolissant la peur, notamment dans deux scènes ; celle où, après avoir vu dans la forêt un groupe d'amérindiens effrayés par la civilisation persécutrice Inca qui avait capturé une partie de leur tribu afin de les sacrifier à leurs faux dieux, le père d'un des hommes imminents de la tribu du héros lui dit ensuite qu'il ne doit pas rapporter la peur au sein du clan car il s'agit d'une « maladie contagieuse ». Cet homme important de la tribu avait compris que la peur durable, insidieuse, participe à la division du groupe humain.. Postérieurement, quand la tribu du père et du fils est elle-même victime de la rasia des incas, le père, après avoir résisté courageusement, finit capturé et ligoté avec son fils, et, au moment où l'un des incas s'apprête à lui couper les veines de la gorge du père afin de le tuer (pour se venger que son fils avait failli le battre..), le père dit à son fils : « Mon fils, n'ais pas peur.. » . Et le père meurt ensuite lentement, le sang dégoulinant sur son torse, mais avec une splendeur dans le regard qui contemple les feuilles des arbres et le vent le caresser dans la tendresse du dernier soupir.. Mais quelle abnégation.. On est loin de la lavette actuelle bondissant au moindre klaxon de bagnole ou s'inquiétant au moindre éternuement post-covid..

La vie est ainsi faite que l'être qui veut atteindre le nirvana de sa propre existence, l'équilibre de la volonté de puissance nietzschéenne associé à la transcendance divine, doit détruire cette peur presque inextinguiblement enchaînée au mental de sa propre condition d'homme moderne. La peur de ne pas se regarder en face, ni d'être soi-même, dans la lente marche doloriste de jouer un rôle au sein de la société, notamment dans le milieu du travail. Je me souviens encore de cette parole assez récente d'une collègue de boulot, au sein d'un établissement scolaire très aliéné, qui, un jour où j'étais en pleine méditation et silence face aux discussions puériles et consommatoires de collègues durant la pause-récréation, une collègue me disa « hé bien tu as l'air heureux toi, sans sourire là.. », alors qu'elle m'avait pourtant déjà vu sourire par ci par là antérieurement, et je lui rétorqua spontanément ; « t'inquiète, je suis heureux intérieurement.. », et elle ne sut quoi me répondre.. La plupart des gens de cette société ont besoin de parler, de babloter, de

prononcer des paroles de fustigation ou alors parler des prochaines vacances, du prochain resto, du prochain sac à main à acheter, ou de telle sortie pour consommer, toutefois sans aucune remise en question ni élévation, ni vraie jouissance, et un être conscient comme moi peut le ressentir.
Sans pointer du doigt forcément les personnes du secteur de l'enseignement scolaire, nonobstant leur promptitude à toutefois êtres sympas pour un certain nombre, dans diverses strates de la société, eux, et surtout elles, savent que je sais qui sont ces personnes au fond d'elles-mêmes, même sans paroles..
Ces mêmes personnes, notamment des femmes, portent un masque et brandissent des faux sourires, et t'annoncent ensuite qu'elles éprouvent des difficultés - faisant des insomnies - à dormir même le week-end, ou qu'elles prennent régulièrement des anxiolytiques, jusqu'à ressentir, sans qu'elle l'avoue à haute voix, qu'elles ne jouissent même pas réellement avec leur faux mec.. Ces mecs qui les ont acheté avec leur salaire plus élevés, ou d'autres actes de vantardises faussement masculines. Je vous le dis, un Napoléon Bonaparte, même si ce bougre bourru était certainement endoctriné par le dogme républicain de l'époque, doit se retourner dans sa tombe s'il voit l'état de décrépitude dans lequel la masculinité se soumet à la merde féministe ainsi qu'à toutes les démagogies marchandes et avilissantes. On pourra reprocher un certain niveau de violence ou divers défauts à cet homme français, la vérité est que ces hommes à l'ancienne, notamment les guerriers, étaient immergés dans la spontanéité de l'abnégation totale, avec un courage physique extraordinaire, une transcendance de puissance détruisant la peur, une volonté de se dépasser incommensurable pour le citoyen consommateur moyen actuel qui ne connaît l'action simulée qu'à travers Netflix ou les films, et ces hommes anciens arboraient très certainement de véritables sourires et

des discussions censées pendant les moments de répits à l'abri des tentes après une bataille, tout comme ils vivaient certainement une puissante et vraie fraternité d'homme à homme après un véritable combat. Chose que l'humain actuel, pour sa grande majorité, n'a jamais vécu.. La masse des humanoïdes postmodernes, à l'éjaculat précaire, à la jouissance en décrépitude, n'a qu'une vague idée de la camaraderie indéfectible ainsi que du franc enlacement de bras à bras. Il a souvent autour de lui qu'une myriade de séduction, et non une personne se tenant à ses côtés quel que soit la situation..

Quel que soit le camps, l'honneur de mourir dans un combat avait davantage de sens que de mourir d'un cancer de merde au chaud dans un hôpital moderne.. La maladie, tournant à l'hypocondrie presque généralisée comme on a pu le voir dans les dévisagements lors de la phase Covid manipulée par le système, est aussi une des facettes de la peur moderne. Cette peur, qui même si l'humain ne peut y échapper globalement depuis ses origines, atteint de nos jours une telle propension qui terrasse l'individu jusque dans ses tripes et son mental. La peur qui jadis ne devait constituer qu'un outil de préservation instinctif de la vie en cas de danger naturel, est devenu une utilité exponentielle pour d'ailleurs les élites. La peur de cet humain moderne, la peur de se retrouver à la rue totalement seul dans une ville, comme SDF, exhorte très assurément certains mecs totalement déshumanisés jusqu'à s'engager comme ouvriers bien payés afin de fracasser à coup de matraque et dépecer vivants des animaux pour l'industrie de la fourrure tout à fait légale..

Ces animaux traqués et assassinés horriblement, en plus de connaître la peur, eux connaissent des ultimes souffrances, à l'instar des victimes des messes noires sataniques de certaines élites qui existent encore, contrairement à ce que veulent nous faire croire certaines historiens ignorants ou vendus. Les messes noires, ces haut lieux spirituels de la peur, ne se sont pas arrêtés aux sacrifices des nourrissons par la maîtresse de Louis XIV, madame de Montespant. Ces immondices cachés et très élitistes existent encore.. Cette satanée peur.. Maintes fois je me suis posé la question du pourquoi Dieu laisse faire tout cela ? .. Il a sûrement délégué l'existence terrestre à la seule volonté de l'humain, collectivement et individuellement , quel que soit les apparences et les exactitudes quant à la manifestation du Bien et du mal... Détruire l'argent et toutes les formes d'aliénations, retrouver les vraies communautés de vie en lien avec la nature vraie et la vérité, seront les essentialités du devenir..

Je vous le dis ; cette peur, il faut la dépasser, la détruire, extirper ces chaînes tortueuses qui enserrent notre esprit, notre âme, et notre cœur. La triade de la puissance de l'homme se trouve surtout dans la l'annihilation de la peur ! Et arpenter le chemin du combat insurrectionnel contre le mal, contre l'esclavage sous toutes ses formes, contre toutes les inversions de la naturalité divine, et, s'il le faut, mourir, se sacrifier, pour redonner la vraie noblesse et vertu à notre qualité d'être humain.

Chapitre 7 : L'être et la Vérité

La Vérité se trouve à la croisée des chemins. Elle pourfend totalement l'obscurité du mensonge et conduit tout être éveillé vers la transcendance de la véritable volonté de vivre. Cet apparent aspect conceptuel, mais qui dépasse ce même intitulé trop scientifique, ne s'entache d'aucun dogme ni d'aucunes chaînes d'aliénation. Qui détient la vérité absolue ? Peut-être que celle-ci se tient dans la simple morale de ne pas faire à autrui ce dont tu ne voudrais pas qu'on te fasse, un principe à la base de certaines lois même oppressives de la société, quand son substrat est d'ailleurs détourné de sa finalité. La Vérité est-elle écrite ? Oui, assurément pour un certain nombre d'auteurs. Des philosophes et des poètes ont certainement promulgués des vérités, issues de notre primordialité d'être humain.
Les plus grands poètes ont écris et dit des choses émanant de problèmes du monde, et une discussion avec une femme particulière qui était chère à mon cœur avant qu'elle révèle son masque, m'avait fais comprendre que ces textes là ont fréquemment constitué un baume. Cela rejoint d'ailleurs les paroles de Francis Cousin, affirmant que la plupart des textes littéraires et poétiques sont des textes d'aliénations, des textes traduisant la conscience malheureuse du monde de l'accumulation matérielle et du devenir toujours plus difficile de l'être matriciel. Un baume textuel que j'avais moi-même écris dans mon recueil de poèmes intitulé « Rétrospective

Poétique », et qui rejoint les pensées assez complexes des poètes comme Arthur Rimbault, Paul Verlaine, Charles Baudelaire, Victor Hugo, ou Alfred Musset. Tout peut être un baume, même une composition musicale. Là aussi il y a deux chemins. Soit c'est une compensation de l'aliénation, soit c'est un élan de vie et de combat contre cette aliénation. Mais soyez certains que ce sont les êtres réellement créatifs qui rendent honneur et hommage à Dieu le créateur lui-même.. Personnellement, chaque note jouée avec ma guitare est acte de jouissance vraie et de dépassement de l'aliénation, chaque même improvisation est l'émanation de mon âme éclectique et de désir de recherche de la Vérité et de l'Amour.

Un baume est comme tout soin du corps ou de l'esprit, cependant par le biais de la poésie ou de la vraie philosophie, nous pouvons, si nous le voulons vraiment, accéder à d'authentiques connaissances et donc à des vérités, ouvrant la voie vers la Vérité..

La Vérité, ou les vérités, ont été d'ailleurs très fréquemment l'apanage du renversement dialectique dans le mensonge, dans de fausses vérités promulguées par des États et des pouvoirs en tout genres, antithétiques à la jouissance du vrai être. Anciennement, après le brisement des communautés réellement libres, des cités États et des États beaucoup expansifs, ont trouvé des arguments de « vérités » afin de légitimer l'existence de l'esclavage, de ces actes d'achats d'humains par d'autres êtres « humains ». Des lois « légitime », des codes de « bonne conduite » ont formulé durablement des consignes dans l'objectif de renforcer le règne des actes immondes commis par ces humains qui ont transmis, de main en main, et d'esprit en esprit, l'aliénation et la grande division. Heureusement, il y a toujours eu des révoltes d'esclaves ou ultérieurement des jacqueries jusqu'au insurrections ouvrières, dont les membres ultimement conscients par rapport à l'autre masse, avaient décidé, puissamment, de fraterniser dans le retrouvé de la vraie amitié et du vrai Amour afin de tenter de détruire l'aliénation, malheureusement trop forte globalement encore en ces temps, et, pour ainsi dire, les forces productives aliénées adverses étaient trop nombreuses afin que les révoltes aboutissement totalement et enfin mondialement.

Il existe une tradition insurrectionnelle de l'humain qui veut retrouver le paléolithisme de son substrat premier de vraie vie.. Alors, dans cette société de consommation post seconde guerre mondiale, qu'en est -il ? Reste t-il suffisamment de véritables êtres et/ou en émergeront-ils suffisamment ? Mon raisonnement me fait penser qu'il demeure deux chemins : soit nous sommes entrés dans un paradigme supérieur de l'aliénation résultant sur une impossible révolution, soit il émergera enfin la révolution mondiale nécessaire au renversement de cette société globalement pourrie. Mais comment faire ? Quand tant d'êtres sont perdus et ne se sauvent pas eux-mêmes..

Une personne de Bien, avec un grand cœur, aura tendance à vouloir sauver d'autres êtres. Mais personne ne sauve personne. Chacun arpente le chemin de ses propres blessures et aliénations qu'il a laissé entré en lui-même, et les seuils de consciences diversifiées font que peu de gens sont réellement capables de sauver le fort intérieur de vraie joie et de durable sentimentalité que la divine création a placé en eux-mêmes. Une part infime des êtres modernes parviennent à exorciser la graine pourrie qui a enveloppé leur âme.. Même au milieu de la négativité, dissimulée par des artifices de faux sourires, de fausses exclamations, de regards maladroitement enjolivés, il est facile pour le regard droit et juste de l'être vrai, de déceler l'autre être déjà perdu ou en devenir de perdition.. Il faut le réaffirmer ; l'être véritablement conscient doit s'abstenir de se positionner en sauveur de son prochain au point de s'investir tellement intensément dans cet acte de grâce non acceptée par l'autre, car il finira par se perdre et remonter difficilement la pente de sa propre vigueur de vie.. Laissez donc cette volonté de sauver ou rétribuer à Dieu, priez, mais il ne faut pas persister comme un sauveur.. On peut ouvrir des chemins, dire des vérités à l'autre, mais s'investir totalement dans des relations dont la réciprocité est totalement bancale, étriquée dans le mal être de l'un qui reporte son mal ancien vécu sur l'autre, cette sempiternelle reproduction du mal dont peu de gens savent briser les chaînes.. Ces êtres aliénés à qui il reste pourtant des zestes de joie éparpillés, parfois même une sexualité encore vivifiée comme élan de vie ancestral, mais dont le substrat est très souvent vide.. Un chemin de vérité et de véritable candeur, construit pour tenter de « sauver » un autre être, sera très souvent vécu comme une agression par l'être très aliéné et, ce dernier, provoquera un conflit, dans une inversion accusatoire concernant l'émergence de cette opposition.. Et je dois dire que beaucoup de femmes ou des hommes féminisés sont passés maîtres dans ces dégueulasseries.. Même l'Amour le plus fort ne peut sauver un être qui a décidé déjà de rejeter cet amour, ou d'en prendre que des miettes saisonnières, et ensuite qui poursuit son dessein de demeurer dans la souffrance et d'en faire pratiquement un moyen narcissique de se sentir exister, faussement bien évidemment..

A l'opposé, sur le trône divin de la vraie force de vie, l'être équilibré, même avec des défauts, mais dans la quête de perfectionnement presque angélique ainsi que dans le rayonnement jaillissant de tout son être, ne peut accepter de se laisser envelopper par le mal ni de reproduire le schéma du mal, ni de renier la Vérité, et a comme devoir de combattre ce mal par la Vérité. L'éloge que je fais de l'être, est cet être qui a choisi, seul dans ce monde, mais en fraternité avec ses véritables ancêtres ou rares êtres contemporains, et en communions avec le règne cosmique, de brandir toute la Force physique et spirituelle nécessaires afin de vivre dans l'authenticité avec les autres. Pas deux ou trois discussions en apparences cultivées ou critiques à l'égard d'un système d'oppression, puisque cela n'importe qui de la masse en est capable.., mais de dépasser cette même critique et d'en faire surgir la Vérité ultime ; le retrouvé et la pérennisation de l'émerveillement et du partage éternel avec l'autre altérité vraiment humaine..

Et là aussi, on rejoint la morale, méfiez-vous donc de bien des humains qui, par le biais de la légitimation du fait qu'ils proclament pourtant bien des vérités, qu'ils ont une connaissance approfondie sur la société, sur les dominations, sur les injustices, etc, seront tout de même capables, dans leur vie privée notamment, de briser pourtant d'autres humains. Ce sont les pires humains, vous enlaçant avec une belle apparence, vous embrassant pendant une période, vous faisant croire à une éternité de bonheur avec eux ou elles, mais qui, du jour au lendemain, seront capables de vous renier et vous éjecter de leur vie alors qu'ils savent tout le Bien qui vous traverse et que vous leur avais fait. Rassurez-vous, ils n'existent eux-mêmes que peu et le Karma se chargeront d'eux tôt ou tard.., et ils vous rendent service en arrêtant de pomper votre énergie.. Car oui, que sont-ils d'autres que des vampires d'énergie vitale ayant acquis cette compétence de rentabilité à l'image du capitalisme satanique auprès d'autres vampires.. Le Christ lui-même qui a chassé les marchands du temple aurait dit qu'ils « sont plein d'ossements de mort et de toute espèces d'impuretés.. » . Le

thanatos est leur chemin.. Pardonnez oui, mais n'oubliez pas, soyez courtois oui, même ouvert à la possibilité d'une remise en question et d'un changement d'être chez l'autre, étant donné que la rédemption existe (certes rare..), néanmoins préservez votre force et votre vigueur d'âme. Et priez pour enfin rencontrer les vrais êtres de Vérité. Ces êtres de joie, de partage durable, de force, d'honneur, d'entraide, d'Amour vrai, et d'humour direct et sans arrière pensée malsaine.
Et la divine conscience sait que, concernant les hommes masculins, les vrais, pour écrire avec puissance d'être il faut aussi avoir cette puissance en soi, physiquement et spirituellement, et même cette volonté de pénétration de la découverte, de grande testostérone, et de volonté de jouissance. Ces hommes vrais sont d'ailleurs les meilleurs amants comme disent des femmes modernes, doux et forts, même si ces connes finissent souvent par les quitter et les remplacer par des moins bien qu'eux ou par des tocards qu'elles pourront contrôler... Dans leur connerie égoïste, de reproduction de la bêtise et du mal, et dans une volonté de vengeance post patriarcat et féministe, elles sillonnent la voie du ressentiment sur les hommes (même les bons) que leur ont dicté insidieusement les élites... Si faire croire à l'Amour, manipuler, et briser des cœurs était interdit par une grande Loi, directement punissable par un châtiment scabreux de recevoir 2h de coups de gode ceinture par jour pendant plusieurs mois, il n'y aurait ainsi pas beaucoup de candidats au mensonge... Ho combien de salopes recevraient cependant ce châtiment comme une panacée. Rires. Ces mêmes garces, innombrables, qui ne sont même plus capables de jouir véritablement avec un homme, tellement le féminisme de division les a colonisé jusque dans les profondeurs de leurs ténèbres dissimulées par un sourire ravageur.. Dans cette société , le pire atteint son paroxysme quand vous croyez

même voir davantage de sensualité et de sens de la vérité en discussion chez une transexuelle que chez diverses femmes, mais pourtant il ne s'agit là que d'un mirage puisque cette personne se révèle autant voire beaucoup plus aliénée qu'une femme née femme.. Dans les tribus ancestrales, le 3ème genre, les berdaches des communautés amérindiennes, ne se sont jamais fais castré ni coupé les couilles, ni se sont vendus à des apprentis sorciers de la vaginoplastie, détruisant ainsi la naissance que Dieu leur a donné en tant qu'homme. La bisexualité est naturelle, mais détruire les attributs masculins est anti naturel.. Qu'on ne s'étonne pas de voir énormément de suicides d'ailleurs chez des transsexuels, regrettant postérieurement de s'être fais charcuter par des maniaques du bistouri.. Ces hommes bafoués, ces hommes qui ont cru « renaitre » en femme, portent pour un bon nombre d'entre-eux une profonde détresse ainsi qu'un désespoir menant à des phases d'hystérie, et pour ceux qui survivent, ils deviennent des archétypes consommatoires, mensongers, et possessifs du système...Ils ne sont plus homme, et ne sont pas femmes, ils sont des hybrides issus du scientisme.. Il est possible d'avoir du plaisir sexuel avec eux, mais l'homme qui se laisse aller à cela, devra ensuite comprendre l'aliénation qui l'a lui-même traversé.. Pauvre d'eux.. Il vaut mieux encore fréquenter la connerie d'une vraie femme, en priant pour qu'elle embrasse sa vraie féminité..

Ces mêmes femmes qui se disent « féministes libres », mais qu'on sait pourtant être en couple avec des mecs moches et grotesques, uniquement attirées par un intérêt financier ou de fausse valorisation à leurs cotés.. Ces sacrilèges à la naturalité vivante savent au fond d'elles-mêmes, ainsi qu'en surface, que c'est la participation à la congruence mondiale avec la souffrance qui édifie leur fausse destinée. Ho combien adorent, autant que les mecs sans saveur, subsister comme de macabres fans nationalistes des joueurs de matchs de football de la coupe du monde, de ces énergumènes payés des millions d'euros par mois juste pour courir derrière un ballon, dans un stade ayant d'ailleurs aliéné des milliers de pauvres travailleurs exploités à outrance pour son édification.. Si Dieu punit l'idolâtrie, il punira donc la masse toute entière qui adore un footbaleur. Dans l'ancien temps, on admirait un guerrier de l'abnégation, risquant sa vie pour un objectif supérieur, et désormais ils idolâtrent des individus simulant même des blessures sur de la pelouse.. Ces joueurs, dans le processus capitaliste, sont similaires à leurs élites PDG millionnaires, payés 25000 euros par jour, ou en analogie totale avec des milliardaires produisant le futur contrôle technologique des masses.. On a rarement entendu qu'un joueur de foot a investi dans une cause afin d' abolir la misère, alors que des acteurs ou d'autres individus créateurs d'art ont tenté de le faire, même si la seule solution serait le renversement total du système..

Il existe pourtant divers sports de puissance et de grande créativité tels que le skateboard et la boxe que j'ai personnellement pratiqué, et que des afficionados de l'existence font encore vivre, mais le gros de la masse a choisi le football.. Un sport caractérisé par deux poteaux, une standardisation des lieux de pratique, et même un aspect robotique du jeu, très éloigné par exemple de la diversité des modules d'un skatepark d'une ville à une autre, ou des incalculables combinaisons de noms de figures (tricks) ou de la force physique qu'il faut avoir pour endurer les chutes et la pratique du skateboard sur du béton ou autre matériau dur, et donc le football est très éloigné de la grande beauté.. C'est le sport de la masse.. Là est une vérité. Mais le mieux est tout de même de conserver une passion qu'on aura plus de chance de pratiquer toute sa vie, à l'instar par exemple de la pratique d'un instrument de musique dont les capacités physiques requises sont globalement possibles jusqu'à l'ultime vieillesse.

L'Homme masculin est d'ailleurs paradoxalement à l'apogée de sa virilité aux alentours de 35 ans, tout en étant un peu moins solide qu'à 20-25 ans, et c'est à cet âge là qu'il réfléchit au sens de sa vie, pour ceux bien sur qui en cherchent le sens et qui possède encore cette volonté de transmettre un héritage de leur passage sur Terre. Les féministes s'en foutent de ce genre d'écueil de transmissions et d'historicité génétique et/ou spirituelle. Elles diront toujours « ce sont les femmes qui sont surtout opprimées et qui souffrent.. » D'accord, des femmes ont souffert et souffrent, oui, comme les hommes, en bas de la société, elles sont les esclaves du capitalisme et de l'aliénation. Ceci-dit, notamment dans la postmodernité, contemplez non pas brièvement mais pleinement ces chiffres ci-après, glanés dans divers médias sur internet, pour comprendre la réalité plutôt des hommes, comme diraient des MGTOWN, ou autres cercles masculinistes, mais dont on peut apprécier la teneur véridique sans pourtant adhérer complètement à leurs cercles. Voici :
- 75% des personnes qui se suicident sont des hommes.
- 91% des personnes mourrant au travail (accident du travail, etc) sont des hommes.
- 95% des sans-abris sont des hommes.
- 80% des ouvriers dans des secteurs physiquement pénibles sont des hommes.

Pour tous les adeptes de l'égalitarisme (sans sens de l'équité réelle) forcené et même du transhumanisme post féministe aliéné, traitant la globalité des hommes comme de la merde allant jusqu'à certaines menteuses racontant qu'un homme sur trois serait un « potentiel violeur », que dites-vous de ces chiffres ? Faites vos propres recherches et vous verrez ces vérités. Ce sont les hommes qui meurent le plus à cause du système.. Une femme seule, ou avec des enfants, aura prioritairement son HLM ou trouvera à se caser vénalement auprès d'un mec blindé (épargné par ces chiffres), ou bien aura accès à des postes de travail plus légers et autres aides sociales prioritairement là aussi. Tandis que l'Homme, lui, le système, l'enverra même de manière forcée mourir à la Guerre comme soldat du système quand la crise capitalistique se fera sentir, pour preuve là aussi que le système sait lui-même que c'est l'homme qui a davantage de force physique pour une telle tâche, tout en éradiquant du sang jeune qui aurait pû être révolutionnaire..

Ho Dieu, mais pourquoi laisse-tu sur Terre toutes ces injustices se dérouler ? Pourquoi les plus grands périls pour l'âme sont notamment la tromperie en Amour ? Où par exemple une femme mesquine peut faire croire un homme qu'il est son « ange » son « trésor », et du jour au lendemain, il n'est plus rien.. il est un « oppresseur », quand bien même il n'aurait rien fait de mal, et la personne a « besoin d'espace ».. Laisse tu faire cela afin de punir les coupables du mensonge ? Le pire qu'il soit, le mensonge lié au faux amour.. Mais pourquoi peut-on croiser le chemin d'une personne qui paraît belle, adorable, différente, spirituelle, débordante de bonté, et la voir se transformer en monstre d'égoïsme et de cupidité ?.. Mais combien Reste t-il d'humains encore sur Terre qui sont enfin dans l'équilibre de l'être ? Cet être, qui, envers et contre tout, tiendra ses promesses et respectera le sens de sa propre parole ! Créateur divin, maître indiscutable de l'univers, tu es la plus grande Lumière qui soit. Tu resplendis l'esprit de celui qui a choisi d'arpenter avec grandeur les fruits de ta création, et j'ose encore te ressentir même dans la plus troublante des injustices qui me touche, car je sais que tu bâtiras, quoi qu'il arrive, mon chemin vers toujours plus de splendeur et de firmament de l'âme et de passion.. Je sais cette Grande Vérité ! Cette Vérité que peu veulent comprendre, celle qui fait que s'ils connaissaient tous ton pouvoir, ils n'auraient pas édifié tant de barrières obscures à ta connaissance. La Vérité, pour tous ces incultes, n'est qu'un panier de légumes alléchants d'un coté mais pourris sur leur autre face, baignant dans un jus avili qui atteint la denrée saine d'à coté. Ils se communiquent tous et toutes leurs injustices, ils se détruisent à petit feu, jusque dans un atelier intitulé l'atelier du bonheur, mais où une mère et sa fille se disputent, avec un léger sourire, prenant un plaisir malsain à ces recherchent de conflit, en rigolant ensuite, en reprenant ce cercle vicieux de la reproduction narcissique du vieux mari qui les a assommé de ses propres aliénations durant de longues années..

Et après, ça parle d'amour.. Ils en parlent, ils en vivent que des brides physiques, toutefois ils ne le ressentent pas au fond d'eux mêmes, comme ils ne connaissent pas la grande Vérité.. Certains, et notamment certaines, sont d'autant plus très vicelardes dans la subtile supercherie de faire croire à leur grande sensibilité et même spiritualité, cependant, comme dirait un verset chrétien, si tu n'as pas l'Amour, tu n'es qu'une cymbale qui résonne.. Il en est de même vis-à vis de la Vérité. Si tu ne brandis pas la Vérité de toutes tes forces, et en toutes circonstances, et si tu te complais dans le négatif résurgent, et ce, durant la majorité des decennies qui font ton existence partielle sur terre, alors tu ne peux que faire le jeu du diable.. Un être plein et entier, ne recherche aucun conflit, ne bafoue pas la Vérité, et ne fait aucun mal à un être qu'il dit aimer.. Une telle attitude désastreuse est excusable pour des personnes encore relativement jeunes, ou bien qui n'ont pas rencontré des vrais êtres durant leur parcours de vie, cela dit les humains qui ont eu la grâce de rencontrer d'autres vrais êtres, qui ont vu l'exemple de la Vérité, mais qui les malmènent ou les renient, n'auront certainement aucune excuse en face du Très-Haut dans la Lumière du jugement éternel..

Là se trouve la suprême Vérité, celle qui dit « aime ton prochain comme toi-même », imaginez, si sur terre, tout le monde faisait le Bien autour de soi en permanence.. La terre serait ce paradis, où la simple contemplation et l'Amour serait nos occupations. La conception de l'ennui n'étant que le terreau de la subversion négative. L'être de Vérité est cette puissance de vie qui submerge tout sur son passage, car Dieu a façonné quelques êtres humains au caractère angélique, remarquables, puissants autant dans la vie que dans la mort.. L'être humain angélique , digne de la grande Vérité, n'est pas parfait mais il tend à montrer l'exemple divin.

Je me souviens encore de cette soirée, 23h passé, j'étais avec une nouvelle femme, plus âgée que moi, avec qui j'étais en couple depuis quelques mois, et voilà de nouveau ce seuil de destruction de la relation qui pointait son nez crochu. J'avais vécu de merveilleux moments avec cet être féminin, à qui il restait des parcelles de vie et d'érotisme, toutefois son passé avec des mecs déglingués et toxiques ainsi que sa propension à se nourrir de conflits tout en n'arborant qu'une façade de bonheur dans le consensus social extérieur, malgré sa culture et son intelligence de conversation, fit qu'elle se mit à chercher des conflits, de plus en plus fréquemments pour des motifs incensés (envoyer un texto un peu trop tard avant de recevoir un pote, être soi disant « trop présent » dans son existence, etc), et se nourrir progressivement de noirceur, le tout chapoté par sa

fille héritière de la perversion narcissique de son père divorcé..
Bien évidemment, des «amis » qui critiquent cet état de fait évident de leur toxicité héréditaire, ont nié l'avoir fait, afin que ce soi moi qui passe pour menteur quand je répéta la grande Vérité. Donc, il s'agissait d'une nuit en apparence comme les autres, et pourtant, une énième fois, je ressentis le subtil et profond rejet de l'autre. Quand bien même, ils m'auront ou elles m'auront appelé « Ange », tous ces êtres renouvelent leur propre destin karmique, issue de leur passé non résolu..

Ils proclament être dans la spiritualité et la vérité, mais ils n'en perçoivent que des brides. Ces êtres aliénés ne savent pas à quel point est immense la souffrance d'un rare être humain angélique, que sa poésie est enlacement d'Amour et de Vérité. Tous ces humains, dans la société, au pas robotique sourient même en se nourrissant de stupides conflits, reproduisant la chaîne des fleurs du mal. Et là aussi, pas d'égalité.. En outre, ces inhumains savent demeurer plutôt avec des gens comme eux, dans le conflit modéré, nourrissant chacun leur propre obscurité, et rejettent ensuite l'inestimable personne qui leur dit la Vérité au sujet de leur corruption..

Ils portent un masque pour un boulot ou du fric, et ensuite reportent leur usure intériorisée sur un être proche.. Et seuls les très très rares êtres vrais ne s'adonneront jamais à une telle basse besogne. Concrètement, celui ou celle qui aime vraiment grandira avec l'autre en ne laissant jamais la porte ouverte à la déchéance de l'esprit car sa priorité sera l'Amour. Dieu nous voit tous ! Soyons vrais et aimants. Cette soirée là, en tout cas, annonçait une autre future soirée, où je fus jeté à la porte de chez cette dame, ou devrait-on dire, plutôt de « chez sa fille », comme une vieille chaussette hors d'usage.. L'ange fut mis à la corbeille, et elles embrassèrent, à la place, les pieds de Lilith.. Mais l'ange se relève toujours pour le combat divin..

Ho grand Dieu, tous ces humains, en demi-sommeil, et dépourvus de constante conscience, n'ont pas compris qu'ils ont qu'une seule vie et une seule âme qui sera jugée. Le passé est une explication, et pas une éternelle excuse. Ils parlent, ils font, mais ne partagent pas réellement, hormis dans l'intérêt.. Elles disent notamment des « je t'aime », mais ne tiennent pas leurs promesses. Ces zombies prennent, donnent, dans le seul but inavoué de se valoriser dans le cannibalisme de leur propre mentalisation.. Ils sont sûrement soi-disant « heureux » dans leur malheur.. Une des valeurs morales essentielles est de ne critiquer que les gens dont on a vu et connu la méchanceté, et non pas une personne ciblée inconnue..

Et l'homme vrai, cet être, portant « l'angel sword » dans son cœur, lui, pense, agit, et, réciproquement, vit avec les rares autres êtres, et par-dessus tout, avec Dieu. Ils produiront un jour, le jour éclatant de la force de justice de Dieu à travers mes mains.. Qu'ils choisissent alors l'Amour et la Vérité. Beaucoup rétorqueront que cet ouvrage évoque éperdument la critique de la négativité, donc qu'un tel ouvrage « est négatif », or, toute positivité supérieure doit obligatoirement emprunter, de façon inéluctable, le combat, donc l'épée de critique contre la négation de l'être. L'être incontestablement éveillé et joyeux se situe dans la volonté de destruction du mal et de la fausseté du monde tout en étant dans la création subversive à cette fausse réalité.

Face à l'injustice totale, la dictature supérieure qui risque de se profiler un jour, une seule solution : le combat jusqu'au bout, jusqu'à la fin de sa propre vie.. Une vie de Guerrier chrétien, c'est mourir dans un combat contre le mal ! Soit dans une vie entière de critique subversive tant que cette civilisation perdure, soit dans un combat réel insurrectionnel dans la force de l'âge.. L'épée de Lumière angélique, c'est le combat ! Et pas la soumission éternelle ni la complicité avec ce système de Satan. La Vérité, celle qui fait que le partage à la fois charnel et spirituel avec un autre êtres, dans diverses situations, n'est aucunement vicié ni abîmé, est la voie de l'être authentique. Il ne faut pas souhaiter sa propre mort, même au milieu de ce monde globalement corrompu, car le suicide seul est un blasphème à la vie, il faut vivre et partager du mieux possible, mais si, un jour, une grande injustice satanique venait sortir de sa tombe obscure, il vaut mieux mourir plus jeune dans le combat et avoir mis l'intention réelle de la profondeur ontologique et de la justesse des sentiments avec les autres, plutôt que d'avoir vécu jusqu'à presque 90 ans une vie macabre, fausse, délabrée, qui a eu le temps long de se corrompre dans un monde émotionnellement froid, dévoyé, et encordé dans l'aliénation la plus totale. La Vérité est la grande sœur de l'âme...

Conclusion

Tous les chapitres de ce livre, découpés volontairement afin de correspondre à la doxa de ce qu'est un raisonnement logique au sein de la sphère des écrits. Toutefois, en soi, cela n'a que peu d'importance, puisque le grand Tout de la connaissance n'a aucune division. Et conclure ne devrait pas constituer une énième synthèse rébarbative, mais au contraire dépasser totalement le contexte de la lecture afin de guider enfin les consciences humaines à arpenter le chemin insurrectionnel qui est tant nécessaire.
C'est le poing de la fierté révolutionnaire (loin des révolutions récupérées ou fomentées par les élites) face à ce système corrompu qu'il faut brandir... Le véritable Dieu christique, comme les jacqueries paysannes médiévales, etc, c'est le combat réel contre le mal.. Vive le divin, vive le vrai ! A bas tous les pouvoirs ! A bas le règne du fric ! A bas les inversions ultra féministes et satanistes ! A bas toutes les traîtrises et voir l'autre comme un objet de consommation ! A bas les propagandes télévisées pourries ! A bas le faux ! Que la Révolution ait lieu ou non, peu importe, je resterai ferme et loyal à la révélation divine que j'ai eu, jusqu'à la fin.. Et j'affronterai seul, s'il le faut un jour, mon destin face à ces tyrans !! Hommes et femmes, qui ont encore ce désir, cette fabuleuse sensation de pleinement exister, qui subliment encore leur existence à travers la sincérité, la droiture, l'érotisme réel, la joie impérissable dans le contentement de ce qui a réellement de la valeur, et dans les amitiés et l'amour fidèle à un autre véritable être, à la conservation des idéaux de ce qui a fait la

beauté de la vraie humanité durant divers âges de sa chronologie. Je dirai, mes Amis, mes frères, soyez fiers et forts, soyez en quête, soyez en effervescence de Vérité ; soyez dans le vrai Amour, celui qui exhorte à préférer mourir un jour dans un combat pour la vraie vie, pour accomplir ce panégyrique de l'être, plutôt que de se soumettre à l'inextricable système satanique. La Foi nous regarde, et, personnellement, je soulèverai un jour cette ultime épée de vérité. Si toi lecteur, tu as cette irréfragable volonté d'un tel destin, si tu es focalisé essentiellement sur la recherche du Bien et de la vérité, tu sauras où me trouver afin de coaliser nos espérances et où trouver ces êtres d'équilibre qui ont décidé d'orienter leur puissance vers l'émancipation de l'être.
Puissance et Vérité !

Table des matières

Introduction : 4

Chapitre 1 : L'être et son esprit 9

Chapitre 2 : L'être et son corps 26

Chapitre 3 : L'être et le conflit 57

Chapitre 4 : L'être et la joie 77

Chapitre 5 : L'être et l'Amour 91

Chapitre 6 : L'être et la peur 120

Chapitre 7 : L'être et la Vérité 131

Conclusion 146